W0373941

DUMONT DIREKT

Miami

Key West · Everglades

Steffi Kordy
Sebastian Moll

Inhalt

Das Beste zu Beginn

Farmers' Markets
Ob in Pinecrest, Miami Beach oder Coral Gables – gesellen Sie sich zu den gesundheitsbewussten Miamianern und bummeln am Wochenende über einen der Pop-up-Märkte. Genießen Sie frisch gepresste Säfte, exotisches Obst, Empanadas – und kommen Sie ganz nebenbei in Kontakt mit Locals!

Kunst kommt von Gucken
Beim Art Walk durch Wynwood zu schlendern, ist eine Reise ins Herz der Coolness von Miami: mit einer Führung das größte Streetart-Open-Air-Museum der Welt bewundern, im Panther Coffee mit den Kreativen abhängen, im Coyo Taco mexikanisch essen und den Abend mit Livemusik im Gramps beschließen.

Skyline-Blick vom ›rostigen Pelikan‹
Der Rusty Pelican hat sich den malerischsten Fleck von Miami für die Landung ausgesucht: an der Spitze der Virginia Key mit atemberaubendem Ausblick auf die Skyline der Stadt. An der Cocktailbar kann man hier den Sonnenuntergang so schön genießen wie nirgends sonst in Südflorida.

Abtanzen im legendären Club
Die Nächte sind heiß in Little Havana, aber nirgendwo wird ausgelassener gefeiert als im legendären Club Ball & Chain. Die Musikkantine, deren Hauptbühne in einem lauschigen Hinterhof liegt, ist über 60 Jahre alt und hat eine große Tradition. Seit der Wiedereröffnung vor wenigen Jahren leben hier die goldenen Zeiten mit Latin-Rhythmen bis in die Morgenstunden wieder auf.

Nur die Ruhe
Miami ist oft laut und schrill, umso notwendiger sind Oasen der Ruhe für kleine Fluchten. Eine idyllischere als Books & Books in Coral Gables gibt es wohl nicht. Der Buchladen mit Café liegt im Kolonnadengang eines italienischen, von Palmen eingefasster Innenhof. Hier kann man herrlich Cortado trinken und den Nachtmittag vertrödeln.

Das amerikanische Einkaufsgefühl erleben
Südflorida ist das Land der Mega-Malls. Das Brickell City Centre ist eine der neuesten und tollsten unter ihnen. Allein schon wegen der futuristischen Architektur der Designgruppe Arquitectonica lohnt sich ein Besuch in dem als ›urbane Oase‹ konzipierten, halb offenen Großbau. Dazwischen kann man in Luxus schwelgen, Smoothies schlürfen und Leute gucken.

Die glutrote Sonne für zu Hause einpacken
Eine verträumte Bootsfahrt von Key West aus zum Sonnenuntergang gehört zu den Erinnerungen an Südflorida, die Ihnen wieder zu Hause im grauen Mitteleuropa ein Lächeln auf die Lippen zaubern werden. Sie schnorcheln zwischen bunten Korallen und Stachelrochen und sitzen dann mit einem Cocktail an Bord des Seglers, während die Sonne feuerrot im Golf von Mexiko versinkt.

Eintauchen in die Zwanziger Jahre
Im Venetian Pool von Coral Gables, einst ein Korallensteinbruch, können Sie wortwörtlich in der Opulenz der Goldenen Zwanziger Jahre baden. Ein Schwimmbad so groß wie eine Lagune, gespeist von natürlichen Quellen, deren Wasser stets dieselbe erfrischende Temperatur hat.

South Beach auf die Schnelle
Sie können sich ein City Bike ausleihen, die an vielen Orten, über die Stadt verteilt, nur darauf warten, mit Ihnen die Stadt zu erkunden. Auch manche Hotels stellen Beachcruiser. Strampeln Sie gemütlich vom Boardwalk bis zur südlichsten Spitze, immer am Meer entlang!

Sebastian Moll hat von seiner Wahlheimat New York aus Miami erkundet und schätzt v. a. die Kreativität der Stadt. Steffi Kordy fasziniert der Großstadtdschungel am Meer: Da spaziert schon mal ein Alligator über die Straße, krakelen Papagaien in den Palmen und sonnen sich Leguane auf Asphalt.

Fragen? Erfahrungen? Ideen?

Wir freuen uns auf Post.

@ *Unser Postfach bei DuMont:*
kordy@dumontreise.de

Das ist Miami

Wie eine Fata Morgana wächst die Skyline von Miami Beach aus dem Meer, wenn man zum ersten Mal über den MacArthur Causeway auf die lang gezogene Halbinsel zufährt. Die Glastürme der Bettenburgen am berühmtesten Strand Nordamerikas spiegeln das grünblaue Wasser und umkehrt und über allem flimmert die schwüle Luft eines ewigen Sommers.

Eine Stadt wie ein Film

Die Fahrt setzt die Stimmung für Miami Beach, wo die Tage und die Nächte ineinanderfließen und alles wirkt wie ein beschwipster Wachtraum. Die Szene ist in die berühmten Pastelltöne des Art-déco-Distrikts getüncht, aus den Cafés und Clubs am Ocean Drive weht ein steter südamerikanischer Rhythmus über den Strand. Die Skateboarder und die überdimensionalen Straßenkreuzer rollen in gleichmäßigem Zeitlupentempo unter sturmverbogenen Palmen hindurch. Die Strandpromenade gleicht einer endlosen Parade von Körpern, die allesamt zu schön sind, um wahr zu sein. Man hat das Gefühl, in einem Film gelandet zu sein oder besser noch in einer TV-Serie. Ein bisschen lässiger 80s-Miami-Vice-Vibe, 90er-Versace-Schickimicki und der trancehafte Beat von Techno und Salsa, alles hinter der farbenfrohen Art-dèco-Kulisse – Miami Beach ist eine Party ... Und als Corona anderswo die Welt zum Stillstand brachte, war Miami gerade mal kurzzeitig ruhiger, anschließend trotzte man hier allen Prognosen und Vorsichtsmaßnahmen, mit der Folge, dass Miami einen regelrechten Bevölkerungszuwuchs erhielt.

Aus Visionen wurden Winterresorts

Diese unwirkliche, traumartige Qualität liegt in der DNA von Miami. Beide Ansiedlungen waren in ihrem Ursprung Fantasiegebilde. Findige Unternehmer aus dem Norden sahen die Sümpfe und die Insel in der Bucht von Biscayne und überlegten sich, was man mit ihnen anstellen könne. Den Anfang machten Orangen-, Avocado- und Kokosnussplantagen, doch schon bald nahm das überhand, was Miami bis heute im Kern ausmacht: Urlaub, Luxus und Laster. Miami Beach war von Beginn an ein Ferienort, an dem vieles ging, was anderswo nicht ging. Dank der Mafia und der porösen Grenze zu Kuba wurde hier auch während der Prohibition getrunken, gespielt und gefeiert wie nirgendwo sonst in den USA. Ab den 80ern schneite dann Kokain aus Kolumbien in die Clubs von South Beach, in denen die Nächte bis heute lang und ausschweifend sind.

Innovationen voller Fantasie

Aber Miami ist nicht nur Sünde, Miami ist auch Stil. Das fing mit dem Bau der für die Zeit extravaganten Art-déco-Hotels am Strand nach dem zerstörerischen Hurrikan Andrew im Jahr 1926 an. Es setzte sich in der traumhaften Siedlung Coral Gables fort, wo der Visionär George Merrick eine mediterrane Stadt in amerikanischen Dimensionen in den Sumpf baute. Und es setzt sich bis heute in den neu entstandenen Kunst- und Designbezirken im Norden der Downtown fort, befeuert von der Art Basel

In Miami Beach muss die Optik stimmen – das gilt selbst für Wasserhydranten.

Miami Beach, die seit 2002 jedes Jahr die große Kunstwelt in die Stadt bringt. Dort, in Wynwood, einem einstigen Industriequartier, hat sich in den Lagerhallen und Kontoren in den vergangenen Jahren der vielleicht coolste Kunstdistrikt der USA entwickelt. An jedem beliebigen Sonntag versammelt sich in den Cafés die junge Stilavantgarde der Stadt, um durch die Galerien zu schlendern und vor allem um die allgegenwärtige Graffiti-Kunst zu bewundern. Wynwood ist jedoch nur die jüngste Manifestierung des Pionier- und Unternehmergeistes, der Miami seit jeher prägt – ein Geist, der auch Welle auf Welle an Einwanderern beseelte, die in den vergangenen 50 Jahren von Lateinamerika nach Miami herüberschwappte.

Die Freiheit suchen und Freiheiten leben

Die Latinos, allen voran die kubanische Mehrheit, geben heute den Ton in Miami an. Sie bilden rund 70 Prozent der Bevölkerung. Ihre Lebensart durchdringt die Stadt – und das nicht nur in den Bodegas von Little Havana, wo die Nächte zum Son Cubano durchtanzt werden und tagsüber die Männer an der Straße sitzen, Zigarren rauchen, Domino spielen und auf Castro schimpfen. Der Latino-Einfluss ist überall im Alltag wahrnehmbar. Die junge Generation von Einwanderern bestimmt heute das öffentliche Leben der Stadt und prägt den Lebensstil. Man spürt das in der Art und Weise, wie die Dinge hier gehandhabt werden – ein bisschen zu laut und zu theatralisch, aber immer mit Schwung und Lebenslust. Das wird nirgends deutlicher als auf Key West, jener Insel, auf der die USA beinahe Kuba küsst. Kein Ort in den USA ist so frei und so entspannt, nirgendwo in Nordamerika legt man so viel Wert auf das Sein im Hier und Jetzt. Stärker noch als Miami ist die Kolonie von Feierlustigen, Außenseitern und Exzentrikern ein Land zwischen Nacht und Tag, wo die Sonne glühend ins Meer eintaucht, während am Hafen die Trommeln gespielt werden und sich die Zeit ins Unendliche dehnt.

Miami in Zahlen

1

ist die Zahl des US-Highways, der bei Milemarker 1 in Key West, dem südlichsten Zipfel der kontinentalen USA, beginnt und über Miami quer durch Florida nördlich bis nach New York führt.

2

Nationalparks – Biscayne National Park und Everglades National Park – betten Miami ein. Einzigartig in den USA.

16

% der Bevölkerung von Miami sind älter als 65, ca. 3 % mehr als im nationalen Durchschnitt.

40

°C beträgt im Sommer ungefähr die ›gefühlte‹ Temperatur aufgrund der hohen Luftfeuchtigkeit. Die Jahresdurchschnittstemperatur liegt bei 24 °C.

52

m tief ist das Fundament des Skyscrapers One Thousand Museum von Zaha Hadid.

60

% der Einwohner von Miami wurden außerhalb der USA geboren.

70

% der Bevölkerung von Miami ist hispanisch.

160

km/h war die höchste gemessene Geschwindigkeit von Wirbelsturm Irma 2017 in Miami. Der Sturm richtete einen Schaden von 141 Mrd. Dollar an.

180

km zieht sich die Inselkette der Florida Keys nach Südwesten in den Golf von Mexiko.

772

km lang war die Bahnlinie, die Henry M. Flagler 1896 von St. Augustine bis Key West baute, um Südflorida zu erschließen.

50000

Dollar pro Nacht kostet die teuerste Suite im luxuriösen Fäna Hotel in Miami Beach.

77 000

Besucher lockt die Art Basel jedes Jahr nach Miami. Damit liegt sie auf Rang 5 der internationalen Kunstmessen.

15,9

Mio. Touristen übernachteten 2022 in Miami, hinzu kamen 24 Mio. Tagestouristen. Sie spülten mehr als 11 Mrd. Dollar in die Kassen.

150 000 000

Dollar betrug der Kaufpreis für das teuerste Einfamilienhaus in Miami im Jahr 2022. Der Immobilienmarkt in Miami? Tendenz steigend!

1200

schützenswerte Bauten gibt es in Miami Beach, davon ca. 1000 im Art-déco-Stil.

Was ist wo?

► Miami und Miami Beach liegen in einer ehemaligen Sumpf- und Mangrovenlandschaft, die bis vor etwa 100 Jahren vorwiegend zur Anlage von Obstplantagen genutzt wurde. Heute ist der Großraum Miami mit 2,5 Mio. Einwohnern eines der größten urbanen Zentren der USA.

Miami Beach ist nicht Miami

Die Bezeichnung Miami wird gemeinhin als Sammelbegriff verwendet: für die Stadt Miami, die auf dem Festland an der Bucht von Biscayne liegt, und für Miami Beach, jene langgezogene Halbinsel, die der Metropole vorgelagert ist. Doch Miami und Miami Beach sollte man nicht gleichsetzen. Miami Beach ist keineswegs der Strand von Miami, sondern eine gesonderte Gemeinde, wesentlich älter als die Stadt auf dem Festland. Dennoch sind es die Bilder von Miami Beach mit seinem Strand- und Nachtleben, die man meist im Sinn hat, wenn man an Miami denkt.

Miami Beach

South Beach (🗺 Karte 2) ist das Zentrum all dessen, was man von Miami Beach erwartet. Hier konzentrieren sich die Nachtclubs und edlen Hotels, hier tummeln sich die Stars und Sternchen aus dem Musik- und Filmbusiness ebenso wie aus der Modewelt und hier ist das bunteste Strandleben anzutreffen. Das alles findet sich auf engstem Raum zwischen 5th Street und 15th Street und in den drei Blocks zwischen dem legendären Ocean Drive und der Washington Avenue. Die Gegend trägt den Namen **Art Deco District,** denn hier stehen Hunderte historischer Hotels und Wohnhäuser aus den 1930er-Jahren, die im Art-déco-Stil errichtet wurden. Ihre Pastelltöne und ausgefallenen Neonelemente haben Miami Beach seinen unverwechselbaren Charakter verliehen und die Stadt auf der Insel weltberühmt gemacht.

Nördlich der 23rd Street beginnt **Mid-Beach** (🗺 Karte 4, F 3/4), das zunehmend populärer wird und mittlerweile ebenfalls über gute Hotels verfügt. In **North Beach** (🗺 Karte 4 E/F 2/3) reiht sich ein exklusiver Wolkenkratzer an den nächsten. An den Stränden geht es ruhig und familienfreundlich zu, Partyleben findet nur an den Hotelbars statt. Im Norden der Halbinsel schließen sich die Ortschaften **Surfside** (🗺 Karte 4, F 2) und **Bal Harbour** (🗺 Karte 4, F 2) an. Sie haben ihre eigenen wunderschönen Strandabschnitte sowie vielfältige Shoppingmöglichkeiten und eine lebendige Restaurantszene. Gleiches gilt für die via Brücke und durch den Haulover Park erreichbare Stadt **Sunny Isles Beach** (🗺 Karte 7, B 2).

Downtown Miami und Brickell

Gegenüber von Miami Beach liegt auf dem Festland **Downtown Miami** (🗺 E–G 3–7), der zentrale Geschäftsbezirk der Metropole Miami. Wie die meisten amerikanischen Innenstädte ist Downtown eine Ansammlung von Bürowolkenkratzern; wirkliches Straßenleben, das sich fußläufig erschließen ließe, existiert nicht. Es gibt allerdings eine Magnetschwebebahn, mit der man sich durch die Innenstadt bewegen kann. Das Gebiet jenseits des Miami River – nimmt **Brickell** (🗺 C/D 5/6) ein. In dem jungen, aufstrebenden Wohn- und Ausgehbezirk tummelt sich die Single- oder Double-Income-no-Kids-Szene in den vielen Restaurants und Nachtclubs. Zu den Attraktionen von Downtown zählen vor allem die Einkaufszentren wie das Brickell City Centre, die Sportarenen und die Parks am Wasser sowie die neue »Underline«, ein 16 km (10 Meilen) langer Park unter der Metro mit Raum für Rad-, Fußwege und sogar einen Skateboard-Park. Von Brickell aus sind über den Rickenbacker Causeway die Inseln **Virginia Key** und **Key Biscayne** (🕮 Karte 4, E 6–8) mit ihren schönen Stränden gut zu erreichen, auch per Fahrrad.

Westlich und nördlich der Downtown

Fährt man von Brickell aus entlang der SW 8th Street in Richtung Westen, erreicht man auf Höhe der SW 27th Avenue **Little Havana** (🕮 Karte 4, B–D 5/6). Ein Abstecher in das kubanische Einwandererviertel mit seinen Bodegas und Straßenmärkten ist ein Muss. Im Nordwesten grenzt **Overtown** (🕮 B–E 2–5) an die Innenstadt. Der einst lebendige Bezirk, der vor allem von Afroamerikanern bewohnt wird, ist seit den 1970er-Jahren stark heruntergekommen und ringt noch um eine ähnliche Renaissance, wie sie andere Stadtteile in den letzten Jahren erlebt haben. Ein Beispiel dafür ist der In-Bezirk **Wynwood** (🕮 Karte 4, D 4/5). Das Industriegebiet wurde in den vergangenen zehn Jahren in einen Kunst- und Galerienbezirk mit schicken Cafés, Restaurants und Bars umgewandelt. Nördlich der Interstate 195 liegt der von einem Immobilienentwickler geplante **Design District** (🕮 Karte 4, D 4) mit exklusiven Design- und Modegeschäften. **Little Haiti** (🕮 Karte 4, D 1–4) ist der Wohnbezirk der zahlreichen Einwanderer und Flüchtlinge aus Haiti. Die Haitianer von Miami pflegen ihre heimische Lebensart und teilen sie gern mit Besuchern.

Südlich der Downtown

Coral Gables (🕮 Karte 4, B/C 6–8) ist ein exklusiver Wohnbezirk, der in den 1920er-Jahren von George Merrick als mediterrane Wohnstadt entworfen wurde. Entlang der Miracle Mile entstand ein hochklassiger Shopping-Distrikt mit Straßenlokalen zum Verweilen. Das benachbarte **Coconut Grove** (🕮 Karte 4, B–D 6–8), eine ehemalige Hippiekolonie, ist deutlich legerer und entspannter. Das Publikum ist jünger, die Restaurants und Cafés sind gemütlicher und günstiger.

Key West und die Everglades

Südlich von Miami zieht sich rund 200 km lang eine Kette von Inseln, die **Florida Keys,** bis tief in die Karibik. Die Eilande sind durch eine Straße und eine Eisenbahnlinie verbunden. Die letzte der Florida Keys, **Key West** (🕮 Karte 6, A 8), lohnt unbedingt einen Ausflug mit Übernachtung. Der Ort am Ende Amerikas ist ein verträumtes Urlauberstädtchen mit altem Jachthafen und zahllosen Lokalen. Auf dem Hinweg lohnt die Erkundung der **Redland-Region** (🕮 Karte 6, F/G 3/4), auf dem Rückweg ein Abstecher in die **Everglades** (🕮 Karte 6, A–H 2–6), ein UNESCO-Weltkulturerbe und einer der größten Nationalparks der USA. Die Tausende von Quadratkilometern große Sumpflandschaft steht unter Naturschutz und ist weitestgehend unberührt. Auf Wanderungen und Bootsfahrten kann man das einzigartige Ökosystem mit Alligatoren, Kranichen und einem endlosen Himmel genießen.

Augenblicke

Strände mit Farbtupfern

Der South Beach in Miami Beach ist mehr als nur Sand, Sonne und Meer, er ist ein Lebensgefühl – ein Laufsteg schöner Menschen, eine Zone der Freiheit und Ausgelassenheit und ein Hort der Eleganz. Nicht zuletzt wegen der Bademeistertürmchen, die individuell von Künstlern und Designern im Art-déco-Stil in bunten Farben und jeder einzigartig gestaltet wurden. Sie verbinden den Strand mit der Architektur und den Farben des Ocean Drive.

Hotspot der Kreativität

Überall in den Cafés und Kneipen des Wynwood District spürt man den Schöpfergeist und die flirrende Vitalität einer neuen Generation. Der ehemalige Lagerhallen-Distrikt zelebriert die Streetart und bietet einen satten Nährboden für Freigeister und Kulturschaffende. In Wynwood herrscht das aufregende Flair der digitalen Boheme und der weltläufigen jungen Kreativen des neuen Miami.

Leben unter freiem Himmel

Gleich ob am Strand, entlang dem Ocean Drive oder in den Parks – das Leben findet in Miami ›open-air‹ statt. So auch im Soundscape Park am New World Center in South Beach. Aus der hochmodernen Konzerthalle werden Symphoniekonzerte simultan nach draußen auf eine Großbildleinwand projiziert. In lockerer Atmosphäre kann man unter den Sternen klassische Musik vom Feinsten genießen und an konzertfreien Abenden Kinoklassiker.

Ihr Miami-Kompass

WOMIT FANGE ICH AN?

#2

Non-Stop-Beach-Party – **Strandleben und Clubs in Miami Beach**

FROM DUSK TILL DAWN

#3

Luxus-Shopping – **Surfside, Bal Harbour, Sunny Isles Beach**

An der ›Riviera von Südflorida

#1

Paradies in Pastell – **Art déco in South Beach**

HIER ALSO FING ›MIAMI VICE‹ AN

#15

Insel der Glücklichen – **Key West**

DIE MUSCHELREPUBLIK

#14

Wer hat die Kokosnuss? – **The Redland**

Genusslandschaften

#13

Von A wie Alligator bis Z wie Zypresse – **rund um die Everglades**

VORSICHT PANTHER!

#12

Wasser-Wunderland – **Biscayne National Park**

hier geht es schnorchelnd weiter

#4
Karibisches Karree –
Little Haiti und Little River

#5
Kauflust, Konzerte und Kunst in Downton –
Design District

#6
Durch Farbe zum Leben erweckt –
Wynwood Art District

#7
Business, Bars und moderne Museen –
Downtown Miami

#8
Salsa, Samba und Zigarren –
Little Havana

#9
Die Ruhe selbst –
Virginia Key und Key Biscayne

#11
Iberische Fantasien –
Coral Gables

#10
Hippieflair und karibische Lebensart –
Coconut Grove

1

Paradies in Pastell – **Art déco in South Beach**

Sind Sie Filmfan? Dann werden Sie die Hotels und Villen am Ocean Drive sofort wiedererkennen: Sanfte Pastelltöne und geschwungene Linien, stilisierte Flamingos und Neonschriftzüge verströmen jene typische Miami-Eleganz, die den Stadtteil für eine cineastische Karriere geradezu prädestinierten.

Die Art-déco-Hotels am Ocean Drive und bis hinüber zur Washington Avenue sind alle Mitte der 1920er- bis Mitte der 1930er-Jahre entstanden. Es war die goldene Ära von Miami Beach – die Society der Ostküste hatte die Insel gerade als Ferienziel für sich entdeckt. Der Rum floss trotz Prohibition dank der Mafia ungehindert über die

Lachsrot oder türkis – Details und ganze Fassaden sind in Pastelltönen gehalten. Das auf Leonard Horowitz zurückgehende Farbschema stammt aus den 1980er-Jahren, als die verfallenen Art-déco-Bauten saniert wurden.

kubanische Grenze und Al Capone unterhielt im Hinterzimmer der eleganten Hotels geheime Spielkasinos. Kaum irgendwo sonst wurde so ausgelassen gefeiert.

Abruptes Ende der Roaring Twenties

Den einheitlichen Baustil hat Miami Beach allerdings einem dramatischen Ereignis zu verdanken: dem Hurrikan Andrew im Jahr 1926. Der Orkan zerstörte South Beach, wo bis dahin vorwiegend im Stil italienischer Villen *(Mediterranean Revival Style)* gebaut worden war, praktisch komplett. So schrecklich die Naturkatastrophe auch war, sie ermöglichte einen architektonischen Neuanfang. Die Investoren von Miami entschlossen sich, die modernste Bauweise der Zeit zu wählen. Erst ein Jahr zuvor, 1925, war in Paris auf der Exposition Internationale des Arts Décoratifs et Industriels Modernes der neue Bau- und Designstil Art déco vorgestellt worden – eine Variante des Beaux-Arts-Stils. Er sollte in den folgenden Jahren überall in den USA die Architektur bestimmen.

Der Kampf gegen Ignoranten

Zwischen der 5th und der 23rd Street gibt es rund 800 Art-déco-Bauten, die berühmtesten finden Sie auf einer Fläche von nur 1 km². Beginnen Sie Ihren Spaziergang am besten am **Art Deco Welcome Center** 1. Dort können Sie sich mit Infomaterial eindecken und im kleinen Museum Interessantes u. a. über die Geschichte des Art déco in Miami erfahren. Betrieben wird das Besucherzentrum von der Miami Design Preservation League, die 1976 von Barbara Baer Capitman (▶ S. 81) gegründet wurde. Die Bürgerinitiative kämpfte für den Erhalt der in den 60er- und Anfang der 70er-Jahre heruntergekommenen Art-déco-Bauten. Spekulanten hatten bereits ein Auge auf die Grundstücke geworfen, auf denen sie riesige Hotels errichten wollten.

The Ocean Rescue Headquarters 2 (1934), Sitz der Rettungsschwimmer, ist ein Musterbeispiel des Nautical déco: Mit seinen Bullaugen und Relings mutet der Bau wie ein Ozeandampfer an.

Gebaute Leichtigkeit des Seins

Zwischen der 7th und der 15th Street reiht sich am Ocean Drive ein Art-déco-Hotel an das andere. Die Bauten strahlen eine architektonische

Ü
ÜBRIGENS

1928 erwarb Al Capone, frisch aus Alcatraz entlassen, für 40 000 $ eine Villa im Mediterranean-Revival-Stil auf dem zu Miami Beach gehörenden **Palm Island.** Das als »Scarface Villa« bekannte Anwesen wurde 2021 für 15,5 Mio. $ verkauft. Man kann es im Rahmen einer »Rich & Famous«-Bootstour vom Wasser aus bestaunen.

Viel Licht sollte in die Zimmer fallen – dafür sorgten z. B. Eckfenster.

▶ PLAN & TOUREN

Im Art Deco Welcome Center gibt es Lagepläne und Vorschläge für Rundgänge sowie einen **Audioguide** (u. a. dt.). Auch **Führungen** durchs Viertel werden angeboten (tgl. 10.30, Do auch 18.30 Uhr, 35 $, Buchung: www.mdpl.org/tours).

Ü ÜBRIGENS

Die **Villa Casa Casuarina** 4 ist nicht im Art-déco-, sondern im Mediterranean-Revival-Stil gehalten. Dennoch ist das heutige Luxushotel eine der größten Attraktionen am Ocean Drive. Hier wohnte Modezar Gianni Versace bis zu jenem schicksalhaften Juli-Vormittag des Jahres 1997, an dem er vor der Haustür erschossen wurde.

Beim Art Deco Weekend im Januar steht South Beach Kopf (http://artdecoweekend.com).

B BOUTIQUE

Die Boutique **The Webster** 1 befindet sich in einem Art-déco-Meisterwerk von Henry Hohauser. Inhaberin Laure Heriard-Dubreuil bietet hier ausgewählte Mode, Accessoires, Dekoartikel und Schmuck an.

Leichtigkeit aus, die einen sofort in Urlaubsstimmung versetzt. Dabei sind sie keineswegs verspielt, sondern oftmals von strenger Symmetrie geprägt, wie das **Hotel Breakwater** 3 (940 Ocean Dr.). Die horizontalen Stromlinien-Akzente an der Fassade – Streamline Moderne heißt diese Stilvariante – hat sich der Architekt Anton Skislewicz vom Autobau abgeguckt, wo Streifenelemente die Aerodynamik erhöhen sollten. So spiegelt die Architektur auch die Technikbegeisterung der Zeit wider. Nach Einbruch der Dunkelheit leuchtet, von farbigen vertikalen Neonröhren flankiert, am Zentralturm der Hotelname in großen Neonlettern auf – typisch Art déco à la Miami Beach.

»Miami Vice« – Klappe, die erste

The Tides 5 (1220 Ocean Dr.) ist der einzige Art-déco-Wolkenkratzer am Ocean Drive. Entworfen hat ihn L. Murray Dixon, der wie viele seiner in Miami Beach aktiven Kollegen kein abgeschlossenes Architekturstudium hatte – Learning by Doing also. Offenbar mit Erfolg: Dixon wurde nach diesem ersten Bau für viele weitere engagiert.

In **The Carlyle** 6 (1250 Ocean Dr.), dessen Fassade ein typisches Beispiel für die Regel der Drittelung im Art déco ist, wurden Szenen des Films »Scarface« (1983) mit Al Pacino gedreht. Auch für andere Kinofilme wie »Bad Boys 2« und »Birdcage« diente es als Location – und es hat TV-Geschichte geschrieben: Die allererste Szene von »Miami Vice« spielt vor dem Carlyle.

Erst 1940 errichtet, ist das Hotel **The McAlpin** 7 (1424 Ocean Dr.) mit seiner Farbgebung und strikten Symmetrie das wohl typischste Beispiel des ›Miami Deco‹.

Abseits des Ocean Drive dünnt die Anzahl herausragender Art-déco-Bauten aus. Einen kleinen Abstecher lohnt jedoch das **U.S. Post Office** 8 (1937) an der Washington Avenue (Ecke 13th St.). Das Wandgemälde »Episodes from the History of Florida« im Eingang stellt die Geschichte der Seminolen dar. Es ist ein Werk aus der Zeit der Wirtschaftskrise, als die Regierung Künstler und Architekten mit öffentlichen Aufträgen beschäftigte.

Außen- und Innenansichten

Von Norden nach Süden durchzieht die Collins Avenue Miami Beach. Benannt ist sie nach

INFOS/ÖFFNUNGSZEITEN

Art Deco Welcome Center 1: 1001 Ocean Dr./Ecke 10th St., T 305 531 3484, www.mdpl.org, tgl. 9–17 Uhr (Do bis 19 Uhr); **Museum:** Di–So 10–17 Uhr (Do bis 19 Uhr); **Official Art Deco Gift Shop:** tgl. 9.30–19 Uhr
The Bass Museum of Art 9: 2100 Collins Ave., T 305 673 7530, www.thebass.org, Mi–So 10–17 Uhr, 15 $
The Wolfsonian-FIU 10: 1001 Washington Ave., T 305 531 1001, www.wolfsonian.org, Mi–So 10–18, Fr bis 21 Uhr, 12 $

KULINARISCHES FÜR ZWISCHENDRIN

Puerto Sagua 1: 700 Collins Ave., T 305 673 1115, Instagram @puerto_saguamiami, tgl. 7.30–2 Uhr. Kubanische Küche seit 1968 (► S. 96).

ART-DÉCO-FASHION-TEMPEL

The Webster 1: 1220 Collins Ave., T 305 674 7899, http://thewebster.us, Mo–Sa 11–20, So 12–19 Uhr

Cityplan: Karte 2, B–D 1–6 | **Bus** 120, 150 Washington Ave. & 9th St., SoBe Local 123

John S. Collins (1837–1928), einem Farmer, der zu einem der Gründerväter der Stadt wurde. Ihm war z. B. die erste Brücke zwischen Miami und Miami Beach zu verdanken. Ende der 20er-Jahre kam man auf die Idee, ihn mit einem Bibliotheksbau zu ehren. Wer war dafür besser geeignet als Collins' Enkel, der Architekt Russell Pancoast? Heraus kam eines der ersten und bedeutendsten Art-déco-Gebäude der Stadt. Seit 1964 ist in dem wuchtigen Bau das 2017 erweiterte Kunstmuseum **The Bass** 9 zu Hause.

Noch ein Museum im Art-déco-Gewand: **The Wolfsonian-FIU** 10, das zur Florida International University (FIU) gehört. In dem Gebäude lagerten in den 1920er-Jahren die Reichen aus dem Norden vor der Heimfahrt ihr nur vor Ort gebrauchtes Hab und Gut ein. 1986 kaufte es Mitchell Wolfson, um darin seine riesige Sammlung von Werbe-, Propaganda- und Alltagsobjekten des 19. und 20. Jh. unterzubringen. Schauen Sie sich auf alle Fälle den Art-déco-Brunnen in der Eingangshalle an, wenn die Zeit für einen Museumsbesuch nicht reicht.

Nach einer 6,5-Mio.-Dollar-Restaurierung erstrahlt das 1935 als Kino eröffnete Colony Theatre 11 *wieder im alten Art-déco-Glanz. Hier finden u. a. Musik-, Theater- und Comedy-Abende statt (1040 Lincoln Rd., T 305 674 1040, https://miaminewdrama.org).*

2

Non-Stop-Beach-Party – **Strandleben und Clubs in Miami Beach**

South Beach ist keine geografische Bezeichnung, South Beach – oder SoBe, wie die Locals gerne sagen – ist ein Lifestyle. Der Strand und die Restaurants, die Clubs und Bars, die Models und Promis – das alles fügt sich zu einer Party zusammen, die niemals endet.

Ein guter Start für einen Tag in South Beach ist ein Kaffee im berühmten **News Cafe** **1**, wo zu jeder Tages- und Nachtzeit Frühstück serviert wird. Von hier aus geht es – wohin? – natürlich an den Strand. Doch das ist leichter gesagt als getan, denn erst mal muss man sich für einen Strand entscheiden. Miami Beach ist immerhin rund 16 km lang und die Strandabschnitte sind

Das pralle Leben in der Miami-Beach-Version kommt mit Fitness und Körperkult daher – und mit Partys ohne Ende.

von Grund auf verschieden. Es gibt Partystrände und Surfstrände, Nacktstrände, Schwulenstrände und Familienstrände.

Dünen, Sonne, Meer

Am lebendigsten ist der Strandabschnitt in der Mitte von South Beach, der **Lummus Park Beach** 1. Hier lassen sich ausgefallene Bademeistertürmchen *(Lifeguard Tower)* in Art-déco-Farben bewundern und stellen die ›Bar Starzz‹ ihre gestählten Körper in der Mukkibude direkt am Strand zur Schau (Mitmachen ist durchaus erlaubt). Der sich im Norden anschließende Abschnitt zwischen 21st und 45th Street, wo South Beach in Mid-Beach übergeht, grenzt an die exklusiven Hotelburgen und Beachclubs. Die Szene hier ist ruhiger und gediegener. Zwischen 46th und 63rd Street wird der Strand vor allem von Familien bevölkert, die sich in den nahen Apartmentkomplexen eingemietet haben. Hier genießt man ebenfalls viel Ruhe, ist aber weit weg von den Restaurants und Geschäften von South Beach.

Angesagte Locations

Der wahre Grund, nach Miami Beach zu kommen, ist für die meisten Besucher die Party. Und die fängt schon am helllichten Tag an. Es gibt in Miami Beach Dutzende von Beach Partys. Die beliebteste und lauteste wird im **Mango's Tropical Cafe** 1 am Ocean Drive gefeiert, einem lateinamerikanischen Tanzschuppen, wo der Salsarhythmus niemals abreißt und die Sangria in Strömen fließt.

Beliebter unter den Locals und sexyer ist jedoch die Tanzparty am **Broken Shaker** 2, einer kleinen Cocktailbar an der 28th Street. Am Art-déco-inspirierten Pool werden tropische Cocktails geschüttelt und schon am Nachmittag die kaum bekleideten Hüften geschwungen.

Noch exklusiver und heißer geht's im **Nikki Beach Club** 3 am Südzipfel von South Beach zu, dem einzigen Restaurant und Club in South Beach, wo man seine Füße in den Sand stecken kann. Hier beginnt die Party morgens um zehn und endet erst am nächsten Morgen um sechs.

Intermezzo

Für einen Happen zwischendurch empfiehlt es sich, den überteuerten Restaurants direkt am

Ü ÜBRIGENS

Um sich einen Überblick zu verschaffen, können Sie sich ein **Citi Bike** mieten und gemütlich den Strand auf und ab fahren. Am Ocean Drive gibt's viele Mietstationen (http://citibikemiami.com, S. 112). Auch **Bike & Roll** 1 bietet seine Dienste an.

Joberfüllung oder Pose? Lebensretter an einem der 31 Lifeguard Tower in Miami Beach.

D
DRESS CODE

Bevor man sich ins Nachtleben stürzt, nimmt man einen Happy-Hour-Drink in einer Cocktailbar und genießt den Sonnenuntergang. Beliebt sind **Barceloneta** 6 und **Monty's** 5. Hier geht es leger zu, in den wirklich coolen Bars werden Jeans, Shorts oder Flipflops nicht gern gesehen.

Party à la Miami: am Strand, unter Palmen, bis zum Morgengrauen

Ocean Drive fernzubleiben. Etwas abseits kann man hingegen in aller Ruhe erstklassig und vielfältig dinieren. Da sind z. B. das kubanische **Puerto Sagua** 2, das amerikanische **Big Pink** 3, das Biorestaurant **Planta** 4, wo die Prominenz gern speist, bevor sie sich ins Nachtleben stürzt, oder das **Orange Blossom** 5 mit floridianischen Spezialitäten.

Models und Megaclubs

Nun sind Sie bereit für das berühmte ausschweifende Nachtleben von South Beach. In den Megaclubs beginnt das Leben nicht vor Mitternacht. Vor 2 Uhr kommen die Dinge nicht richtig in Schwung und dauern dann meist bis in den Morgen. Gespielt wird House und Electronic Dance Music, aufgelegt von Star-DJs wie Calvin Harris oder David Guetta. Das Publikum reicht, je nach Club, von Promis wie Kim Kardashian, Jennifer Lopez oder Vin Diesel bis hin zu allerlei Volk aus der Modebranche und natürlich Groupies.

Der Superclub schlechthin ist das **LIV** 6. Es taucht in Hollywoodfilmen immer auf, wenn in Miami eine Clubszene spielt. Hier tummeln sich ebenfalls Promis, entsprechend schwer ist es hineinzukommen. Deutlich legerer und entspannter ist das vornehmlich, aber nicht nur schwule **Twist** 7. Angesagt ist auch **My Sweet Liberty** 8. Entweder beginnt man seinen Streifzug durch die Nacht hier bei der täglichen Happy Hour mit ausgezeichneten Cocktails oder man landet hier spätnachts für einen Absacker. Der **STORY Nightclub** 9 ist der kleine Bruder des LIV, ebenfalls mit Spitzen-House-DJs, aber entspannter und mit billigeren Drinks.

UM DIE ECKE

Neugierig, wie die Highsociety in Miami Beach logiert und feiert? Dann besuchen Sie das **Faena Hotel** 2, das Super-Luxushotel von Miami Beach – mit Übernachtungspreisen ab 1000 Dollar Dekadenz pur. Oder haben Sie sonst schon einmal irgendwo auf der Welt einen 24-Karat-vergoldeten Dinosaurier am Strand in einer klimatisierten Vitrine stehen sehen? Trotz allem Protz einer meiner Lieblingsorte und unbedingt sehenswert. (3205 Collins Ave., T 305 538 8800, www.faena.com/miami-beach)

KULINARISCHES FÜR ZWISCHENDRIN

News Cafe 1: 800 Ocean Dr., T 305 538 6397, https://newscafesouthbeach.com, So–Do 8–23, Fr, Sa 8–24 Uhr
Puerto Sagua 2: 700 Collins Ave., T 305 673 1115, Instagram: @puerto_saguamiami, tgl. 7.30–2 Uhr, ► S. 96
Big Pink 3: 157 Collins Ave., T 305 531 0888, www.mylesrestaurantgroup.com, Mo–Mi 8–24, Do–So 8–2 Uhr, ► S. 93
Planta 4: 850 Commerce St., T 305 397 8513, So–Do 11.30–22, Fr 11.30–23, Sa 11–23 Uhr
Orange Blossom 5: 2000 Collins Ave., T 305 763 8983, www.orangeblossommiami.com, tgl. 7.30–23 Uhr, Happy Hour tgl. 16–18 Uhr ► S. 95
Barceloneta 6: 1400 20th St., T 305 538 9299, www.barcelonetamiami.com, Mo–Do 17–22, Fr 17–23, Sa 12–23, So 12–22 Uhr. Tapas und Cocktails.

COCKTAILBARS UND CLUBS

Mango's Tropical Cafe 1: 900 Ocean Dr., T 305 673 4422, www.mangos.com, Mo–Fr 11.45–5, Sa, So 11–5 Uhr
The Broken Shaker 2: 2727 Indian Creek Dr., T 305 531 2727, http://freehandhotels.com/miami/broken-shaker, tgl. 14–3 Uhr
Nikki Beach Club 3: 1 Ocean Dr., T 305 538 1111, www.nikkibeach.com, Beach tgl. 10–18 Uhr. Üppig in jeder Hinsicht ist der Sonntags-Brunch (11–16 Uhr), der sich am späteren Nachmittag in eine Beach-Party bis in den Abend verwandelt!
Bodega 4: 1220 16th St., www.bodegataqueria.com, 11.30–23 Uhr, danach Afterpartys Do–Sa. Vorne ein Taco-Laden, hinten eine heiße »Speakeasy« Bar, die man durch eine getarnte Toilettentür betritt!
Monty's 5: 300 Alton Rd., T 305 672 1148, www.montyssobe.com, So–Do 11.30–22, Fr 11.30–24, Sa 11.30–23 Uhr
LIV 6: 4441 Collins Ave., T 305 674 4680, www.livnightclub.com, tgl. 23–5 Uhr, ► S. 109
Twist 7: 1057 Washington Ave., T 305 538 9478, www.twistsobe.com, tgl. 13–5 Uhr
My Sweet Liberty 8: 237-B 20th St., https://mysweetliberty.com, tgl. 16–5 Uhr, Happy Hour 16–20 Uhr
STORY Nightclub 9: 136 Collins Ave., T 305 479 4426, Do–Sa 23–5 Uhr

BIKES UND BOARDS LEIHEN

Bike & Roll 1: 210 10th St., T 305 604 0001, www.bikemiami.com, tgl. 10–18 Uhr. Radverleih und geführte Rad-/Segwaytouren

3

Vom Strand zum Luxus-Shopping – **Surfside, Bal Harbour, Sunny Isles Beach**

Im Norden von Miami Beach, jenseits der 72ten Straße, klingt der Trubel entlang der Collins Avenue ab und weicht einer Phalanx von Apartment-Hochhäusern. Hinter ihnen verbirgt sich der vielleicht schönste Strandabschnitt von Miami Beach. Dass sich viele Bewohner dieser Gegend auch sonst auf der Sonnenseite des Lebens bewegen, lassen die Shopping-Malls erkennen.

Zwischen der 88ten und der 96ten Straße können Sie eine Meile lang feinsten weißen Sanduhrsand und absolute Ruhe genießen. Der Abschnitt zählt zur Gemeinde **Surfside** und gehört

So wird ein Schuh draus: In den Mega-Malls der Strandorte nördlich von Miami Beach werden die Objekte der Begierde heiß diskutiert.

ganz den Menschen, die das laute Treiben von South Beach nicht brauchen und einfach nur das Meer und die Sonne suchen. Entlang der Dünen windet sich ein ruhiger, schattiger Weg, der sich hervorragend für einen Spaziergang oder eine Ausfahrt mit dem Beachcruiser eignet.

Gratis-Flugshow am Strand von Surfside

Wer hat, der hat

Auch wenn der Strand das Ein und Alles der rund 6000 Bewohner von **Surfside** ist, an Lokalen und Einkaufsmöglichkeiten mangelt es nicht: Entlang der parallel zur Collins Avenue verlaufenden Harding Avenue gibt es ein kleines Geschäftsviertel, das mit schicken Boutiquen, teuren Juwelierläden und Nobelfriseuren ganz auf die Bedürfnisse der exklusiven Klientel von Surfside eingestellt ist. Ihren vollen Charme entfaltet die Harding Avenue am Abend, wenn der Boulevard mit seinen Straßencafés zum Leben erwacht.

Die Restaurantszene erlaubt Stippvisiten in den unterschiedlichsten Regionen der Welt. So kann man in **Josh's Deli** ❶ auf die Hand koschere jüdische Küche bestellen oder im **Backyard BBQ** ❷ Platz nehmen, um koschere Grillgerichte zu probieren. Das **Cafe Ragazzi** ❸ featured italienische Klassiker und in der **Sushi Republic** ❹ gibt es sehr gute japanische Fischspezialitäten. Leckere »Popsicles«, also Eis am Stil, aber von der Designersorte – mit frischen Früchten, flambiert mit Marshmallow-Creme oder eingehüllt in Nutella-Waffeln – genießt man beim **Morelia** ❺.

In Surfside können Sie 13 von lokalen Künstlern gestaltete Schildkrötenskulpturen bewundern. Mit ihnen soll auf die Lage der Meeresschildkröten aufmerksam gemacht werden, die in Südflorida bedroht sind. Während der Saison zwischen Mai und Oktober nisten die Loggerhead-Schildkröten am Strand von Surfside. Bewohner und Besucher werden gebeten, die Tiere und ihre Nester zu respektieren.

Drei Männer, eine Vision

Das Flair von Luxus und Ruhe setzt sich nach Norden hin fort, wo die Gemeinde **Bal Harbour** (ca. 2600 Einw.) an Surfside grenzt. Die kleine Enklave am Nordzipfel der Miami-Beach-Halbinsel besteht vorwiegend aus Luxushotels und hochpreisigen Apartmenthäusern. Premium-Wohnhäuser hatten schon der Unternehmer Robert Graham und seine Kompagnons Carl Fisher und Walter O. Briggs im Sinn, als sie ab 1929 erste Ideen für die Bebauung des Stücks Land zwischen Bay und Atlantik entwickelten. Dem wurden in jüngster Zeit imposante Luxus-Condos hinzugefügt, wie etwa der Porsche Tower, in dem man sein Auto gleich mit in den Aufzug nehmen kann. Oder aber die Armani-Residenzen vom gleichnamigen Luxus-Designer.

Mode kommt hier tierisch gut an – Schaufensterdekoration in den Bal Harbour Shops.

Wie der Strand in Surfside ist der in Bal Harbour extrem sauber und gepflegt. Entlang der Promenade können Sie herrlich neben den Dünen spazieren und am Nordende über die weit ins Meer ragende Mole laufen.

Bal Harbour ist natürlich auch eine Destination für Luxus-Shopping und ›Fine Dining‹ in eleganten Restaurants. Erste Adresse für Besitzer von High-Class-Kreditkarten ist die Mall **Bal Harbour Shops** 1. Hier finden Sie Boutiquen internationaler Spitzenmarken wie Gucci, Chanel und Dior, aber es gibt auch kleine originelle Prêt-à-porter-Shops. Zwischen den Einkäufen kann man ins französische Bistro **Le Zoo** 6 einkehren oder im **Makoto** 7 von Starkoch Makoto Okuwa, der die Kunst der Sushi-Herstellung bereits im Alter von 15 Jahren bei einem Sushi-Meister erlernte.

Ü ÜBRIGENS

Der Besitzer der unabhängigen Buchfilialkette **Books & Books,** Mitchell Kaplan, ist ein Tausendsassa. Er hat z. B. die renommierte Buchmesse Miami Book Fair International (www.miamibookfair.com) mit aus der Taufe gehoben und widmet sich als Coproducer der Verfilmung von Romanen. Seine Buchläden findet man in Coconut Grove, Coral Gables und Bal Harbour.

Kontrastprogamm in der Natur

Nördlich von Bal Harbour führt die Collins Avenue, auch **Gold Coast Highway** genannt, als Brücke über eine Meerenge auf das Festland hinüber. Nach ca. 4 km geht es links über eine weitere Brücke in den **Oleta River State Park** 1, ein ca. 4 km² großes Naturschutzgebiet. Hier kann man durch Sümpfe wandern, Fahrrad fahren, auf dem Oleta River paddeln und dichten Mangrovenwald erleben. Pelikane und Fischadler lassen sich beobachten und mit etwas Glück Delfine und Seekühe.

Wo geht's denn hier zum Strand?

Das 1920 von einem Privatinvestor gegründete **Sunny Isles Beach,** heute eine Stadt mit 21 000 Einwohnern, gilt als ›Riviera von Südflorida‹. Die Küste ist dicht mit Apartmenthäusern und Hotels bebaut, was den Zugang zum Strand erschwert. An der 174th Street liegt etwas versteckt ein städtischer Parkplatz, von dem aus man ans Meer gelangt.

Auch ohne die teils horrenden Zimmerpreise zu bezahlen, können Sie den Meerblick von den Sonnenterrassen der Hotels genießen, einen Cocktail schlürfen oder lunchen. Zu empfehlen ist z. B. die **Gelato & Coffee Bar** oder das elegante **Mulino** Restaurant im **Acqualina Resort** 8. Oder – mit den Fußzehen im Sand – das **Tahiti Beach Cafe** 9.

Im Haulover Park 2 warten Kilometer weißer Sand und endlose Dünen.

INFOS/ÖFFNUNGSZEITEN

Viele Lokale und Läden bleiben in diesen mehrheitlich jüdischen Ortschaften am Sabbat (Fr- bis Sa-Abend) zu.

Oleta River State Park 1: 3400 NE 163rd St., T 305 919 1846, www.floridastateparks.org/OletaRiver, tgl. 8 Uhr bis Sonnenuntergang, 6 $ pro Pkw

KULINARISCHES FÜR ZWISCHENDRIN

Josh's Deli 1: 9517 Harding Ave., T 305 397 8494, tgl. 9–15 Uhr
Backyard BBQ 2: 9460 Harding Ave. T 305 763 8818, www.backyardmiami.com, Mo–Do 11.30–14, 16.30–21, Fr 11.30–14, So 16.30–21 Uhr
Cafe Ragazzi 3: 9500 Harding Ave., T 305 866 4495, https://caferagazzimiami.com, Mo–Do 17–22, Fr–So 12–22 Uhr
Sushi Republic 4: 9583 Harding Ave., T 305 867 8036, www.sushirepublic.net, Mo 17–22.30, Di–Fr 12–15, 17–22.30, Sa 17–22.30, So 17–22 Uhr
Morelia 5: 9571 Harding Ave., https://www.paletasmorelia.com, Mo–Fr 13–22, Sa, So 13–23 Uhr
Le Zoo 6: 9700 Collins Ave., T 305 602 9663, www.lezoo.com, Mo–Fr 11.30–23, Sa, So 11–23 Uhr
Makato 7: 9700 Collins Ave., T 305 864 8600, https://makoto-restaurant.com, tgl. 11.30–23 Uhr
Aqualina Resort 8: 17875 Collins Ave., www.acqualinaresort.com

Tahiti Beach Cafe 9: 19111 Collins Ave., Mo–Do 12–18, Fr–So 12–20 Uhr

(WINDOW-)SHOPPING

Bal Harbour Shops 1: 9700 Collins Ave., www.balharbourshops.com, tgl. 10–21 Uhr, ► S. 102

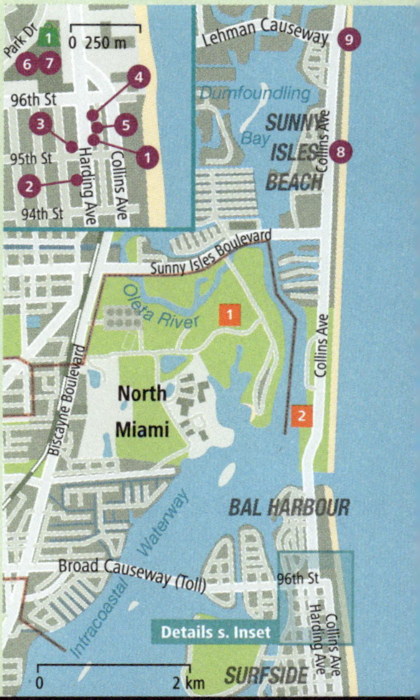

Cityplan: Karte 4, E/F 1–3 | **Bus 120:** Collins Ave. & 90th St.; Collins Ave. & 192nd St.

4

Karibisches Karree – **Little Haiti und Little River**

Lärmende Straßenmärkte, auf denen Rohrzucker und Mangos verkauft werden, kleine Läden mit Voodoo-Devotionalien und Duftessenzen, Cafés aus denen der Geruch exotischer Gerichte und karibische Rhythmen herüberwehen – ›Klein Haiti‹ ist eine ganz eigene Welt am Rande von Downtown.

Neben Kunst, Musik und Theater wird auch die karibische Karnevalskultur mit ihrer Farbenpracht in Little Haiti lebendig gehalten und an die nächste Generation weitergegeben.

Neben Little Havana ist Little Haiti das größte homogene Einwandererviertel von Miami. Seit der Machtübernahme des Diktators ›Papa Doc‹ Duvalier in Haiti Ende der 1960er-Jahre strömten immer wieder Wellen haitianischer Flüchtlinge nach Nordamerika – zuletzt nach dem Erdbeben

von 2010 und dem Präsidenten-Coup von 2021. Viele hoffen, irgendwann in die Heimat zurückkehren zu können. In Little Haiti hatten sie sichere Zuflucht gefunden, insbesondere nachdem die US-Regierung ihnen nach der Katastrophe von 2010 und aufgrund der unsicheren Staatslage nach 2021 zumindest befristeten Aufenthalt als Geflüchtete gewährt hatte.

Wussten Sie, dass das Haitianische Kreol die am drittmeisten verbreitete Sprache in Florida ist? Es gibt sogar Radioprogramme in kreolischer Sprache und selbst in den Schulen werden alle Elternbriefe neben Englisch und Spanisch auch auf Kreol übersetzt.

In Little Haiti gibt es eine Reihe von ›Botanica Shops‹, die jede Menge Voodoo-Devotionalien verkaufen – anders, als man denken könnte, keine mit Nadeln gespickten Puppen. Die westafrikanische Voodoo-Religion hat sich in Haiti mit dem Katholizismus vermischt und so findet man in den Läden Figuren christlicher Heiliger neben solchen der loa genannten Voodoo-Götter, zudem Duftessenzen, Kräuter, Tinkturen, Tees und vieles mehr.

Treffen mit Tanz und Trommelklang

Die kulturelle Oase ist trotz Gentrifizierung in Little Haiti – in deren Zuge es heute mit dem nördlich angrenzenden Stadtteil Little River verschmilzt – noch völlig intakt und bietet Gästen die Möglichkeit, authentisch afrokaribische Kultur zu erleben. Beginnen Sie Ihre Erkundung im Herzen des Stadtteils, dem **Little Haiti Cultural Center** 1 an der NE 2nd Avenue, der Hauptader durch Little Haiti. Das Zentrum beherbergt einen Markt, in dem Sie haitianische Kunst und Kunsthandwerk kaufen können, und eine Galerie, die in Wechselausstellungen sowohl Werke lokaler wie auch im Ausland lebender Künstler zeigt.

Bühne frei für Schauspielkunst von Profis und Amateuren heißt es im angeschlossene Proscenium Theatre. Unter den vielen Angeboten des Zentrums – Lesungen, Konzerte, Vernissagen, Kurse für die Locals – ragt das Event **Big Night in Little Haiti** im Innenhof heraus, das an jedem dritten Freitag des Monats stattfindet. Es ist ein karibisches Rundumerlebnis: Afrokaribische Trommeln erklingen, Tanzgruppen und örtliche Bands treten auf und über allem liegt der Duft von kreolischer Cuisine in der Luft.

Ein Treffpunkt ist die Buchhandlung **Libreri Mapou** 1. Hier findet man nicht nur rund 3000 Bücher auf Französisch, Kreolisch und Englisch, sondern auch Bilder und Gemälde haitianischer Künstler. Außerdem gibt's immer wieder mal Tanz- und Trommelshows sowie Lesungen des Besitzers Jon Mapou. Der Supermarkt **Bravo** 2 erlaubt einen Blick in die Kochtöpfe der Haitianer. Hier

Das Raumangebot im Little Haiti Cultural Center ist so vielfältig, dass auch Tanzaufführungen möglich sind – und zwischen den Proben verdiente Pausen.

liegen in der Frischetheke ganze Schweineköpfe, Rinderschwänze und Schweinepfoten. In großen Säcken lagern Reis und Bulgur.

Haitianische Kostproben

Am authentischsten erlebt man ›Klein-Haiti‹ indes durch die Musik und das Essen. Kaum irgendwo sonst in Nordamerika haben Sie so gute Möglichkeiten, die echte karibische Kochkunst zu erleben, wie in Miami. Die Restaurants mit haitianischer Küche liegen teils etwas versteckt im Viertel, doch das Suchen lohnt sich.

Ausgezeichnete und authentische Gerichte gibt es in **Naomi's Garden** ❷, darunter auch gute vegetarische Currys, etwa mit Jackfrucht, die man am Take-out-Window bestellt und im hübschen Garten hinter dem Restaurant genießen kann. An den Wochenenden wird hier oftmals auch Livemusik gemacht.

Der **B & M Market & Roti Shop** ❸ ist eigentlich ein karibischer Markt. Doch im hinteren Teil des Familienbetriebs werden frische karibische Gerichte gekocht, die man auf die Hand für ein paar Dollar bekommt und an den wenigen schlichten Tischen verzehren kann. Nichts an dem Erlebnis ist schick oder elegant, alles dafür kulinarisch einzigartig.

Ü
ÜBRIGENS

Bevor Haitianer in den 70ern nach Miami strömten, war das heutige Gebiet von Little Haiti eine afroamerikanische Arbeitergegend. Das Verhältnis zwischen den schwarzen Amerikanern und den Haitianern ist deshalb bis heute teils angespannt. Als Little Haiti 2016 offiziell als Viertel anerkannt wurde, gab es Proteste, die forderten, den älteren Stadtteilnamen Lemon City wieder anzunehmen, der auf die Zitronenplantagen des 19. Jh. zurückgeht, auf denen die Schwarzen damals Arbeit fanden.

Little Haitis Sound – Jazz und Reggae

Um etwas über die Musikszene von Little Haiti zu erfahren, gibt es keinen besseren Ort als **Sweat Records** 3, einen der letzten Läden in Miami, der noch Vinyl führt. Er fungiert auch als Café, kleiner Konzertraum sowie Treffpunkt der karibischen Community und der lokalen Musikszene.

An der Grenze zum Design District steht ein gigantischer Banyanbaum. Um ihn herum haben sich an der **Upper Buena Vista** 1 Restaurants, Eisdielen, Boutiquen und andere Shops geschmiegt. Diese schattige Oase inmitten der Stadt lädt zum Verweilen ein.

Die **Citadel Foodhall** 2 bietet eine Vielfalt von trendiger Kost an und beherbergt auch einen Laden, in dem Mode, Schmuck und Geschenke von lokalen Designern zu finden sind. Toll ist auch die Atmosphäre auf dem Rooftop.

INFOS/ÖFFNUNGSZEITEN

Little Haiti Cultural Center 1: 212–260 NE 59th Terrace, T 305 960 2969, www.littlehaiticulturalcenter.com, Mo–Fr 10–21, Sa 10–16 Uhr

KARIBISCHE KÜCHE

Chez Le Bebe 1: 114 NE 54th St., T 305 751 7639, tgl. 8–23 Uhr. Haitianisches Restaurant.

Naomi's Garden 2: 650 NW 71st St., T 305 456 4715, https://naomismiami.com, tgl. 8–23 Uhr

B & M Market & Roti Shop 3: 219 NE 79th St., T 305 757 2889, tgl. 9.30–20 Uhr

BÜCHER, PLATTEN & VOODOO

Libreri Mapou 1: 5919 NE 2nd Ave., T 305 757 9922, www.mapoubooks.com, Mo–Sa 10–18, So 10–12 Uhr

Bravo 2: 5299 NE 2nd Ave., tgl. 7–19, So 18 Uhr

Sweat Records 3: 5505 NE 2nd Ave., T 786 693 9309, www.sweatrecordsmiami.com, tgl. 10–22, So 10–17 Uhr

CHILLEN

Upper Buena Vista 1: 184 NE 50th Terrace, T 305 539 9555, www.upperbuenavista.com, tgl. 12–23 Uhr, Öffnungszeiten der Restaurants unterschiedlich, Boutiquen nur bis 20 Uhr

Citadel Foodhall 2: 8300 NE 2nd Ave., https://thecitadelmiami.com, Di–So 8.30–24 Uhr

Cityplan: Karte 4, D/E 3/4 | **Bus** 9, 10: NE 2nd Ave. & 59th Terr.

#5

Kauflust, Konzerte und Kunst in Downtown – **Design District**

Exklusive Shops, internationale Spitzenkunst, elegantes Dining – der junge Design Distrikt im Norden der Downtown, zwischen NE 36th Street und NE 41st Street, ist Inbegriff des kosmopolitischen Selbstverständnisses der Stadt. Klein an Größe, war er ein Impulsgeber für Miamis Wiedergeburt in den letzten 20 Jahren.

Was Wynwood für junge, aufstrebende Kreative ist, ist der Design District für die arrivierte Geschmackselite von Miami. Bereits in den 1920er-Jahren, der ersten großen Boomzeit der Stadt, gab es besonders viele Möbel- und Einrichtungshäuser in dieser Gegend. In den 1980er-Jahren verfiel das Viertel jedoch zunehmend. Das

Nicht nur Gloria Estefan und Familie dient der Palm Court als beliebte Open-Air-Bühne, z. B. spielen hier auch die Musiker des Miami Symphony Orchestra.

Blatt wendete sich, als der Immobilienentwickler Craig Robins, der schon die Revitalisierung von South Beach vorangetrieben hatte, das Viertel für sich entdeckte.

Stadtentwicklung auf Premiumniveau

Robins knüpfte an die Interior-Design-Tradition an und lockte internationale Spitzenmarken wie die italienischen Firmen Ornare, Oggetti oder Versace Home in den District. Schon bald avancierte dieser zur Shoppingadresse Nummer eins der Elite Miamis, die auf der Suche nach geschmackvollen Möbeln und Accessoires für ihre Villen in Belle Isle oder ihre Penthouses in Brickell war. Doch Robins wollte dieser Klientel mehr bieten als nur Spitzendesign. Der Distrikt sollte zu einem Rundumerlebnis aus Luxus-Shopping, gehobenem kulinarischem Vergnügen und Kunstgenuss werden.

Gleich am **Palm Court** 1, dem zentralen Platz des Viertels, erblicken Sie ein Kunstwerk des Universalgenies Buckminster Fuller: den 7 m hohen **Fly's Eye Dome.** Der erste Entwurf für das vom Auge einer Fliege inspirierte Werk – einer Vision für das Wohnen der Zukunft – entstand 1965. Die Skulptur vor dem Palm-Court-Shoppingcenter ist eine Nachbildung mit modernen Materialien.

Wie Kaugummi muten die zwischen die Galerien gespannten Strukturen im Innern des sanierten **Moore Building** 2 (3841 NE 2nd Ave.) an, das eine reizvolle Eventlocation ist. »Elastika« heißt diese Arbeit der 2016 in Miami verstorbenen Londoner Architektin Zaha Hadid. In dem 1921 errichteten Bau betreibt der angesagte New Yorker Designer **Jonathan Adler** (www.jonathanadler.com) einen Einrichtungsstore. Das **Institute of Contemporary Art (ICA)** 3, das übergangsweise in dem Gebäude untergebracht war, hat 2017 in der Nähe sein neues, von den spanischen Architekten Aranguren+Gallegos entworfenes Domizil mit spektakulärer Metallfassade und Skulpturengarten bezogen. Nun kann es auf über 11 000 m² zeitgenössische experimentelle Kunst zeigen – und das dank edler Spender gratis.

Viele Türen zur Kunst

Über das gesamte Viertel verteilt liegen mehr als 60 Galerien für zeitgenössische Kunst, die während der Kunstmesse Art Basel Miami Beach neben

Die alte Baustruktur hat neuen Pep bekommen: Zaha Hadids »Elastika« im Moore Building.

Ü ÜBRIGENS

Oliver Sanchez, selbst Künstler, versteht seine Galerie **Swampspace** 4 als Ort der Begegnung von Menschen, die die Werte, für die Kunst steht, schätzen. Weil er ein großes Atelier hatte, wandten sich Kollegen auf der Suche nach einem Ausstellungsraum oft an ihn. So wurde er zum Galeristen – inzwischen mit neuen Räumlichkeiten (Vernissagen und Events s. Website: http://swampspace.blogspot.de).

INFOS/ÖFFNUNGSZEITEN

www.miamidesigndistrict.net: Überblick über Galerien, Shops, Lokale
DesignMiami: Dez., renommierte Designmesse mit interessantem Begleitprogramm, www.designmiami.com
Institute of Contemporary Art (ICA Miami) 3: 61 NE 41st St., T 305 901 5272, www.icamiami.org, Mi–So 11–18 Uhr, Eintritt frei
Swampspace 4: 3940 N Miami Ave., T 305 710 8631, http://swampspace.blogspot.de
Blacktower Gallery 5: 71 NE 40th St., T 786 362 5845, www.blacktowergallery.com

KULINARISCHES FÜR ZWISCHENDRIN

COTE 1: 3900 NE 2nd Ave., T 305 434 4668, www.cotemiami.com, tgl. 12–15, 17–23 Uhr
Michael's Genuine Food & Drink 2: 130 NE 40th St., T 305 573 5550, www.michaelsgenuine.com, Mo–Sa ab 11.30, So ab 11 Uhr, ► S. 91
MIA Market 3: 140 NE 39th St., T 305 456 3070, www.miamarket.com, So–Do 11–20, Fr, Sa bis 21 Uhr

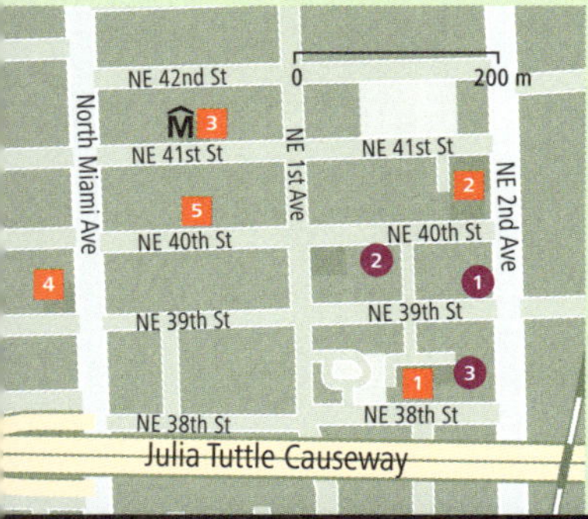

Cityplan: Karte 4, D 4 | **Bus** 3, 93: Biscayne Blvd. & NE 36th St.

Schöner shoppen, heißt es im Design District.

South Beach zu einem weiteren Zentrum werden. Zu den beliebtesten gehören **Swampspace 4** von Oliver Sanchez, der Arbeiten von lokalen Künstlern zeigt (► S. 37) und **Blacktower Gallery 5**, mit zeitgenössischen Gemälden, Skulpturen und Collagen auf diversen Medien, u. a. von Gaby Herbstein, Luis Altieri und Santiago Betancur.

Promi-Watching im Restaurant

Paradiesische Zustände für Fashionistas: Entlang der NE 39th und der NE 40th Street reihen sich die Outlets aller namhaften internationalen Marken auf – von Louis Vuiton über Harry Winston bis zu Céline. Fifth Avenue des Südens wird die Gegend treffend genannt. Und die Restaurantszene? Die ist ebenso gehoben – Promifaktor inklusive. Eine erste Adresse ist **COTE 1**, ein trendiges koreanisches Steakhouse, ausgezeichnet mit einem Michelin-Stern. Den Design District auf die kulinarische Landkarte gesetzt hat jedoch Starkoch Michael Schwartz mit **Michael's Genuine Food & Drink 2**. Der kulinarische Foodhall-Juwel des Design Districts mit elf einzigartigen Stationen zur Selbstbedienung und einer gemeinsamen Verzehrfläche ist **MIA Market 3**.

Durch Farbe zum Leben erweckt – **Wynwood Art District**

#6

Egal aus welcher Richtung man sich dem Viertel nähert, Wynwood flashed einen komplett. Inmitten einer postindustriellen Brachlandschaft mit graffitibeschmierten Autowerkstätten und einfachen Wohnhäusern taucht auf einmal ein buntes Karree mit Streetart und ultracoolen Galerien auf, das vor kreativer Energie nur so strotzt.

Die Streetart-Werke in Wynwood haben die Kunstszene der Stadt mit Energie befeuert. Riesig und fensterlos sind die Fassaden der Lagerhallen die perfekten Leinwände für die Meister und Meisterinnen der ›Straßenkunst‹.

Dass die Sache so explodieren würde, hat sicher niemand geahnt. Nur sechs Gebäude waren es anfangs, die in dem tristen Stadtteil Wynwood für Graffiti freigegeben wurden. Streetart-Künstler verwandelten die Fassaden in kraftvolle Kunstwerke, die Wynwood Walls, Keimzelle des heute weit über

die Grenzen Miamis hinaus bekannten Wynwood Art District. Mit ihrer kreativen Power nahmen Sprayer und Muralmaler – darunter einige der berühmtesten der Szene wie Haas & Hahn und Swoon – rund um die ›Walls‹ Gebäude um Gebäude in Besitz, eine gigantische Open-Air-Galerie entstand.

Murals mit Message

Die **Wynwood Walls** 1 sind bis heute das Zentrum des Viertels. Einer der ersten Künstler, der sich hier austobte, war Shepard Fairey. Selbst wer den Namen nicht kennt, wird seine Obama-Poster mit dem Schriftzug »Hope« (2008) schon mal gesehen haben. Für die ›Walls‹ schuf der politisch engagierte *Street artist* und Grafiker 2009 u. a. ein Porträt von Aung San Suu Kyi, der damals unter Hausarrest stehenden Oppositionsführerin in Myanmar – eine klare Botschaft.

Auch Miss Van hat schon einmal ein Mural (hier ein Ausschnitt) im Viertel geschaffen. Die 1973 geborene Künstlerin stammt aus Toulouse in Frankreich, wo sie im Alter von 18 Jahren erste Wandgemälde kreierte. Bekannt wurde sie vor allem durch ihre ›Puppen‹, erotische Frauengeschöpfe, die die unterschiedlichsten Gefühle zum Ausdruck bringen. Wie viele Streetart-Künstler wechselt Miss Van (eigentlich Vanessa Alice Bensimon) immer wieder von der Straßenkunst in andere Genres.

Zum Areal der Wynwood Walls gehören außer einem Café und einer Galerie der **Wynwood Walls Shop** (► S. 99) wo man T-Shirts und Kunstobjekte kaufen kann. Hier bekommen Sie nicht nur Infos über die Wynwood Walls, die **Wynwood Doors** und den **Wynwood Garden** mit weiteren Murals, sondern über das gesamte Viertel.

Was gleich bleibt, ist die Veränderung

Für Sprayer und Maler ist es heute eine große Ehre, sich an den Wynwood Walls oder an einem anderen Ort im Viertel mit einem Werk verewigen zu dürfen. Wobei: Ewigkeit ist kein Begriff, der zu Wynwood passt. Der Distrikt ist in ständigem Wandel begriffen und so bleibt kein Mural für alle Zeit – dafür entstehen ständig neue.

Wer selbst mal die Spraydose in die Hand nehmen und ein eigenes Kunstprojekt kreieren möchte, der kann sich an einem Spray-Paint-Workshop beim **Museum of Graffiti** 2 anmelden. Dabei erfährt man u. a., dass fast alle Graffitikünstler auf die Farbenmarke »Montana Black« (made in Germany) schwören.

Einen besonderen Push für die Streetart und für die heute rund 70 Galerien in Wynwood bringt alljährlich im Dezember die Art Basel Miami Beach. Mitinitiatoren der Kunstmesse waren Mera und Don Rubell. Das New Yorker Ehepaar zählte zu den ersten Galeristen, die sich in Wynwood niederließen, schon 1993 erwarben sie hier ein

Lagerhaus. Die Rubells waren eng mit Keith Haring befreundet, dessen Werke sie sammelten und durch den sie viele inzwischen berühmte Künstler kennenlernten. Nach einem Umzug findet man das **Rubell Museum Miami** 3 auf der anderen Seite des Expressways, in Allaphattah gleich neben Superblue Miami (► S. 105), ca. 10 Min. mit dem Auto). Es ist heute eine der bedeutendsten Sammlungen zeitgenössischer Kunst der Welt mit Werken u. a. von Jean-Michel Basquiat und Ai Weiwei.

In **The Margulies Collection at the Warehouse** 4 steht ebenfalls die zeitgenössische Kunst im Fokus. Die Ausstellungen werden von von einem anspruchsvollen, jedoch keineswegs elitären Veranstaltungsprogramm begleitet.

Wie alles begann

Schon lange hatte der Immobilienentwickler David Lombardi Wynwood wegen der Nähe zur Downtown im Blick gehabt, bevor er sich Anfang der 2000er-Jahre in dem heruntergekommenen Stadtteil die ersten Grundstücke sicherte. Welche Perspektive wäre für Wynwood die beste, fragte er sich. Auf die entscheidende Idee brachte ihn der Besuch einer Vernissage in einer von jungen experimentierfreudigen Künstlern betriebenen Galerie in Wynwood: Die Vision von einer »living/working artistic community« ließ ihn nicht mehr los. Er kaufte immer mehr Gebäude und stellte sie Künstlern und Galeristen günstig zur Verfügung. Die schienen nur auf eine solche Gelegenheit gewartet zu haben. Bei den »Roving Fridays«, Spaziergängen durchs Viertel, brachte Lombardi Künstler und Galeristen mit Kunstinteressierten zusammen.

Noch ein anderer fing Feuer für Wynwood: Tony Goldman, der bereits Stadtteile in New York sowie Miami Beach revitalisiert hatte. Ab 2005 kaufte er

UM DIE ECKE

Wer von so viel Kunst inspiriert ist, kann sein Handy zum Pinsel werden lassen und im **Original Selfie Museum** 6 ein paar verrückte Selbstporträts aufnehmen. Das Museum ist eine Art Fotostudio, das die Requisiten und Beleuchtung stellt. Ein regelrechter Instagram-Himmel! Es liegt direkt vis-a-vis vom Haupteingang der Wynwood Walls. (179 NW 25th St., https://originalselfiemuseum.com, 29 $)

A ART WALK

Geführte **Art Walks** in originellen Variationen: zu Fuß, mit dem Golfcart, in Kombination mit einem Besuch in einer Mikro-Brauerei oder kreativ mit der Sprühdose in der Hand finden Sie unter www.wynwoodartwalk.com.

Street Art in progress. »A Museum of the Streets« schwebte dem Kunstagenten und Kurator Jeffrey Deitch (http://deitch.com) vor, der Tony Goldman 2009 bei der Auswahl der Künstler für das Wynwood-Walls-Projekt beriet.

A
ABENDS

Trendige Restaurants wie **Spanglish** 1 (fragen Sie nach dem Cocktail in der Kameralinse), **Bakan** 4 (pikante Grashüpfer!) oder **KYU** 5 locken abends Kenner aus der Stadt nach Wynwood, ebenso wie die Barszene. Die **JWB Wakefield Brewery** 1 zählt mit ihren Craftbieren und dem Biergarten zu einem der Hotspots.

über 20 Industriebauten in Wynwood auf. Einige ließ er 2009 von Streetart-Künstlern aus der ganzen Welt bemalen – die Wynwood Walls waren geschaffen. Der Rest ist (Streetart-)Geschichte …

Coworking oder Chillen

Wynwood ist heute viel mehr als ein Kunstviertel, es ist die Heimat von Miamis Boheme. Viele Jungkreative verbringen den Tag im **Panther Coffee** 2, um an ihren Start-up-Ideen oder Designkonzepten zu arbeiten. Ein beliebter Treffpunkt ist **Wynwood Marketplace** 5, ein Pop-up unter einem riesigen Dach mit Live-Art-Installationen, Kunsthandwerk, Foodtrucks, Restaurant und Bars. Ähnlich multifunktional ist **Coyo Taco** 3: tagsüber ein beliebtes Taco-Fastfood-Restaurant, abends zuweilen Nachtclub mit House-Musik und karibischen Trommlern.

INFOS/ÖFFNUNGSZEITEN

Wynwood Walls 1: 2520 NW 2nd Ave., www.thewynwoodwalls.com, Mo–Do 11–19, Fr 11–20, Sa 10–20, So 10–19 Uhr, Eintritt 13 $, inkl. Führung 25 $, Tickets sind an ein Zeitfenster gebunden und müssen online gebucht werden.
Museum of Graffiti 2: 276 NW 26th St., https://museumofgraffiti.com, Mo–Fr 11–18, Sa, So 11–19 Uhr, $ 16
Rubell Museum Miami 3: 1100 NW 23 St., T 305 573 6090, https://rubellmuseum.org, Mi, Do, So 11.30–17.30, Fr, Sa 11.30–19.30 Uhr, $ 15

The Margulies Collection at the Warehouse 4: 591 NW 27th St., T 305 576 1051, www.margulieswarehouse.com, Di–Sa 11–16 Uhr, 10 $
Wynwood Marketplace 5: 2250 NW 2nd Ave., www.wynwood-marketplace.com, Do, Fr 16–2, Sa, So ab 12 Uhr

KUNSTVOLL SCHLEMMEN

Spanglish 1: 2808 N. Miami Ave., T 786 870 4258, https://spanglishmiami.com, Mi–So 17–24 Uhr
Panther Coffee 2: 2390 NW 2nd Ave., T 305 677 3952, www.panthercoffee.com, tgl. 7–19 Uhr
Coyo Taco 3: ► S. 92
Bakan 4: 2801 NW 2nd Ave., T 305 396 7080, www.bakanwynwood.com, So–Mi 12–22, Do–Sa 12–24 Uhr
KYU 5: ► S. 95

BIER & BIERGARTEN

JWB Wakefield Brewery 1: 120 NW 24th St., Mo–Do 12–23, Fr, Sa 12–1, So 12–22 Uhr. Cooler Taproom im Star-Wars-Stil und mit experimentellen Craftbieren im Ausschank.

Cityplan: Karte 4, D 4/5 | **Bus** 2: NE 2nd Ave. & NE 29 St.

Business, Bars und moderne Museen – **Downtown Miami**

7

Fragt man zwei Personen, wo es nach »Downtown Miami« geht, bekommt man garantiert zwei verschiedene Antworten. Denn es gibt im Grunde zwei ›Downtowns‹. Eines liegt nördlich des Flusses, eines südlich und ist besser bekannt als »Brickell«.

Interessant für Besucher im nördlichen Teil sind der Bayfront Park mit seinen vielen Konzerten, Bayside mit den Ausflugsbooten, das Perez-Kunst-Museum sowie das Frost-Science-Museum. Im westlichen Teil läuft derzeit eine große Umstrukturierung, vieles ist eine Baustelle. So eine Grundsanierung hat der südliche Teil – der **Brickell District,** zwischen dem Miami River und der 13th Street, gerade hinter sich.

Brille aufziehen und einen Blick auf die Kunst des 20. und 21. Jh. werfen. Das Pérez Art Museum reizt in seinen Ausstellungen auf rund 18 600 m² die aktuellsten technischen Möglichkeiten der Präsentation aus.

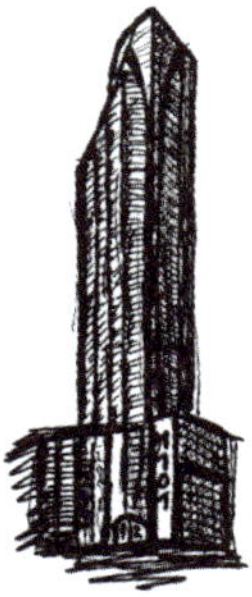

Drei Theater, Sunset-Pool, Fitnessräume, Yoga- und Pilatesangebote, Working-Spaces, Cafés, Bars, Kinderparadies und ein Bereich allein für Hunde ... Ach so, und wohnen kann man im Panorama Tower natürlich auch.

Ü ÜBRIGENS

Zum Herumlaufen ist Downtown Miami nicht ausgelegt, was schon allein daran liegt, dass es selbst im Winter oft zu heiß ist. Man steuert sein Ziel mit dem Auto an und parkt in einem der vielen Parkhäuser. Eine bequeme Alternative ist die vollautomatische Magnetbahn **Metromover.** Einen Einkaufsbummel im europäischen Sinn kann man bestenfalls im Shopping- und Entertainment-Viertel **Bayside Marketplace** 3 machen.

In den vergangenen Jahren sind hier Dutzende von neuen, hochmodernen Wolkenkratzern aus dem Boden geschossen. Sie stellen die alte Businesstower-Skyline von Downtown, die bis in die Art-déco-Zeit zurückreicht, in den Schatten. Zu den neuen Superwolkenkratzern des Brickell gehört der **Panorama Tower** 1. 2017 fertiggestellt, ist er derzeit mit 265 m und 85 Stockwerken das höchste Gebäude in Miami.

Bei so viel Dynamik ist es kein Wunder, dass der Bezirk auch zum angesagten Ausgehviertel geworden ist. Zu den Hauptattraktionen zählen die neuen Shoppingcenter, wie das spektakuläre **Brickell City Centre** 1 oder das **Mary Brickell Village** 2. Insbesondere Ersteres ist eine moderne ›Lifestyle Mall‹, denn hier gibt es neben zahlreichen Geschäften auch Restaurants, Bars, ein Fitnessstudio, Friseure und andere Dinge des täglichen und nicht alltäglichen Bedarfs.

Hängende Kunst und hängende Gärten

Downtown Miami ist auch der zentrale Kulturbezirk der Stadt. Die Hauptattraktionen finden sich direkt am Wasser im **Maurice A. Ferré Park** (vormals Museum Park). Zeitgenössische Kunst steht im hypermodernen **Pérez Art Museum** 2 im Mittelpunkt. Zur Sammlung gehören Künstler der Nachkriegszeit wie Dan Flavin oder James Rosenquist. Viel Raum gegeben wird auch multimedialer Kunst sowie Kunst aus Lateinamerika. Interaktive Stationen, Filme und Virtual-Reality-Darbietungen schärfen den Blick für Kunstwerke. Entworfen wurde der Bau von den renommierten Schweizer Architekten Herzog & deMeuron, nach deren Plänen auch die Tate Modern in London entstand. Das Meer und die tropische Vegetation der Umgebung wurden in die Architektur einbezogen und bilden – ergänzt durch hängende Gärten an der Fassade – eine einmalige Symbiose mit der Kunst.

Von der Terrasse des Museumsrestaurants **Verde** 1 haben Sie einen zauberhaften Meeresblick und können sich zugleich z. B. Kürbisblütenpizza oder Grillhuhn-Sandwiches mit Avocado einverleiben. Auch zum Brunchen ist der Ort perfekt.

Wind und Wasser verbunden

Nicht weniger spektakulär ist das benachbarte **Phillip and Patricia Frost Museum of Science** 3,

INFOS/ÖFFNUNGSZEITEN

Pérez Art Museum [2]: 1103 Biscayne Blvd., T 305 375 3000, www.pamm.org, Mo, Fr–So 11–18, Di 11–21 Uhr, 16 $
Phillip and Patricia Frost Museum of Science [3]: 1101 Biscayne Blvd., T 305 434 9600, www.frostscience.org, tgl. 10–19 Uhr, ab 30 $
Skyviews [7]: Bayside Marketplace, 401 Biscayne Blvd., tgl. 13–22 Uhr, ca. 25 $
HistoryMiami Museum [9]: 101 W Flagler St., T 305 375 1492, www.historymiami.org, Mi–Sa 10–16, So 12–16 Uhr, 10 $

BEI STARKÖCHEN SPEISEN?

Verde [1]: im Pérez Art Museum (s.o.), T 305 375 8282, www.pamm.org/dining, Fr–Mo 11–17.30, Do 11–20.30 Uhr, Hauptgerichte ab 12 $. Leichte Gourmetküche.
Für einen schnellen Imbiss im Bayside Marketplace (s. rechts) gehen Sie am besten ins **Café Con Leche** [2]. Hier gibt's einen exzellenten kubanischen Kaffee und kubanische Snacks auf die Hand wie z. B. Empanadas. Foodies kommen im Brickell (s. o.) voll und ganz auf ihre Kosten. Die Konkurrenz belebt das Geschäft und entsprechend hoch sind die Erwartungen und spektakulär die Präsentation, aber auch die Preise. Die aktuellen Toplokale sind **Komodo** [3] (801 Brickell Ave., https://komodomiami.com, So–Do 18–23, Fr, Sa 18–24 Uhr), **Sexy Fish** [4] im Flatiron Gebäude (1001 S Miami Ave., https://sexyfishmiami.com, ► S. 94). Ein Evergreen mit nettem Ambiente im alten Feuerwehrhaus ist **Dolores but you can call me Lolita** [5] (1000 S Miami Ave., www.doloreslolita.com, ► S. 93)

COCKTAILBARS UND CLUBS

Gut für den Auftakt ist das **Mary Brickell Village** [2], wo sich die Locals nach der Arbeit zum Cocktail treffen, um den Abend einzuläuten. Alternativ kann man auf dem Dach des Epic Hotel, in der Bar **Area 31** [1] bei einem Drink den Sonnenuntergang genießen (270 Biscayne Blvd., www.area31restaurant.com, ► S. 105). Zu den angesagten Spots der Clubszene zählen **Club Space** [2] (34 NE 11th St., www.clubspace.com, ► S. 108) und **Tu Candela** [3], wo internationale Spitzen-DJs die Nacht zum Tag machen (901 S Miami Ave., https://tucandelabarbrickell.com, Do–Sa 23–5 Uhr). Elegante Kleidung ist Pflicht und vor Mitternacht braucht man gar nicht aufzutauchen.

DOWNTOWN-SHOPPING

Brickell City Centre [1]: 701 S Miami Ave., T 305 350 9922, www.brickellcitycentre.com, tgl. 11–21 Uhr, ► S. 102
Mary Brickell Village [2]: 901 S Miami Ave., www.marybrickellvillage.com, tgl. bis 24 Uhr, Lokale länger, ► S. 103
Bayside Marketplace [3]: 401 Biscayne Blvd., T 305 577 3344, www.baysidemarketplace.com, ► S. 102

Cityplan: D–F 4–7 | **Metromover:** u. a. Brickell, Bayfront Park, Government Center

H HISTORY

Tief in die Geschichte der Stadt können Sie im **HistoryMiami Museum** 9 eintauchen. Es bietet auch kundig geführte Miami-Touren zu Fuß, per Boot oder per Fahrrad an (www.historymiami.org).

gestiftet von den gleichnamigen Pharmamilliardären. Zum Biscayne Boulevard hin wird man vom Globus des 3D-Planetariums empfangen, zum Meer schließt sich das gigantische **Aquarium** an. Fast buchstäblich tauchen die Besucher hier in eine bunte Meeresfauna ein. Zur Wasserlandschaft, die u. a. von Hammerhaien und Stachelrochen bewohnt wird, gehört ein lebendiges Korallenriff.

Im erst 2023 eingeweihten **Dogs and Cats Walkway and Sculpture Garden** 4 (Eintritt frei) kommen Hunde-, Katzen und Kunstliebhaber auf ihre Kosten. 52 überdimensionale Skulpturen der ›people's best friends‹ sind inmitten eines bunten Blumenfeldes eingebettet und eine willkommene Augenweide für die Stadtbewohner, auch die ohne Haustier. Dieses Fleckchen hat bereits mehrere Transformationen vom Eisenbahnvorplatz zum Skulpturengarten hinter sich.

Gegenüber liegt der 62-stöckige Apartmentbau **One Thousand Museum** 5 von Zaha Hadid – in Nachbarschaft weiterer Skyscraper.

Nach den Yogaübungen im Bayfront Park fühlt man sich wie neugeboren.

Sonnengruß an der Bayfront

Jenseits der Sport- und Veranstaltungsstätte **Kaseya Center** 6 liegt in einer eigenen kleinen Bucht der **Bayside Marketplace** 3**.** Er ist Open-Air-Shoppingcenter, Konzertarena und Bootsanleger zugleich. Ein perfekter Ort, um sich ein Sandwich zu holen, sich in die Sonne zu setzen und zum Klang einer Liveband die Mittagspause zu genießen.

Die neueste Attraktion ist **»Skyviews«** 7, ein dauerhaft installiertes Riesenrad. Von den 72 klimatisierten Gondeln fängt man traumhafte Blicke auf die Biscayne Bay, den Bayfront Park, Downtown und den Hafen ein.

Den **Bayfront Park** 8 suchen Miamianer wie Besucher der Stadt gleichermaßen auf, um zu joggen, zu picknicken oder einfach nur auf einer Bank die Meeresbrise zu genießen. In den frühen Morgenstunden und zum Sonnenuntergang kann man sich hier bei Gratis-Yoga entspannen und beim Sonnengruß ganz zu sich selbst finden (www.bayfrontparkmiami.com, ► S. 85). Im März findet hier das **Ultra Music Festival** statt (► S. 106) und an Feiertagen wie dem 4. Juli oder an Sylvester lassen sich hier die Feuerwerke bewundern.

Salsa, Samba und Zigarren – **Little Havana**

#8

Little Havana ist das Herz des lateinamerikanischen Miami – hier hat das Leben den Rhythmus eines Mambo und den Geschmack einer handgerollten Zigarre. Die lateinamerikanischen Wohngebiete erstrecken sich über viele Meilen rund um die Downtown von Miami. Doch das kulturelle und spirituelle Zentrum des Latino-Miami ist bis heute die Calle Ocho.

Nahezu 70 Prozent der Bevölkerung von Miami stammt aus Lateinamerika – Floridas Metropole ist durch und durch hispanisch geprägt. Das macht sich im Alltag auf vielfältige Weise überall bemerkbar, nicht nur in den klassischen Einwandererviertеln wie Little Havana, dort aber ganz besonders.

Im Máximo Gómez Park spielen Exilkubaner und – vereinzelt – Exilkubanerinnen das Spiel ihres Lebens: Domino. Es verbindet sie mit Kuba, ihrer verlorenen Heimat. Genau wie dort kennt in Little Havana die Leidenschaft für das Spiel keine Grenzen.

Ü
ÜBRIGENS

In den vergangenen Jahren wurde der Zustrom an Menschen aus Kuba deutlich von dem aus anderen lateinamerikanischen Ländern wie Venezuela oder Kolumbien übertroffen. Auch die Menschen aus diesen Ländern kommen heute an die Calle Ocho, um ihre Muttersprache zu sprechen, sich auszutauschen und einen Hauch Heimat zu genießen. So ist die Calle Ocho inzwischen ein multikulturelles Latino-Viertel.

Im Stadtviertel Riverside ließen sich entlang der SW 8th Street in den 1960er-Jahren nach der Castro-Revolution die ersten der vielen Flüchtlinge aus Kuba nieder. Der größte Schub kam in den 15 Jahren nach der Entmachtung des kubanischen Präsidenten Fulgencio Batista 1959. Etwa 500 000 waren es bis Mitte der 70er-Jahre. Die heute mehr als eine Million Kubaner im Großraum Miami haben einen beträchtlichen politischen und gesellschaftlichen Einfluss.

Eine Straße der Sehnsucht

Die Exilkubaner der 60er- und 70er-Jahre wollten ein wenig von dem Havanna, das sie kannten und liebten – dem Havanna vor dem Kommunismus – in ihre neue Heimat hinüberretten. Am deutlichsten zeigt sich das entlang der **Calle Ocho,** dem Abschnitt der **SW 8th Street** zwischen 14th und 17th Avenue. Hier verbreiten Zigarrenmanufakturen kubanisches Flair, Cafecitos verkaufen Café cortado und kubanische Süßigkeiten und in Markthallen verbindet sich Kunsthandwerk mit Trödel zu einer filmreifen Kuba-Kulisse. Dass man sich hier quasi auf lateinamerikanischem Boden befindet, macht sich an allen Ecken bemerkbar: Spanisch wird überall gesprochen, die Supermärkte sind randvoll mit lateinamerikanischen Marken und Lebensmitteln, allen voran die beliebte Marke Goya. Musik klingt allerorten und die Kubaner legen auch einfach mal ein Tänzchen ein, wenn ihnen gerade danach ist.

Z
ZIGARREN

Sie müssen Sie ja nicht rauchen – zuschauen, wie sie entstehen, ist auch eine Art von Zigarren-Genuss: Bei **El Titan de Bronze** können Sie beobachten, wie Zigarren der verschiedensten Qualitätsstufen von Hand gerollt werden (1071 SW 8th St., www.titandebronze.com, Mo–Sa 9–15 Uhr).

Domino-Effekt im Park

Little Havana ist morgens noch träge, ab mittags kommt dann etwas Bewegung rein und abends ist die Stimmung groß. Sonntags sind die Restaurants zwar geöffnet, Läden jedoch zu. Seitdem der rote Doppeldeckerbus sogar einen Stopp hier einlegt, hat sich Little Havana einen festen Platz auf der Touristenroute gesichert, konnte jedoch seine Authentizität behalten.

Beginnen Sie Ihren Spaziergang durch Little Havana an einem der vielen *ventanitas* (Eck-Cafés mit Fenstertheke) mit einem starken *colada.* Dieser schwarze Kaffee mit viel Zucker wird in einem kleinen Becher gereicht, den man auf die mitgelieferten fingerhutgroßen Becher verteilt. Kommen Sie nicht auf die Idee, den ganzen Be-

Vitamine und lockeres Socialising ist offenbar eine unschlagbare Kombination – Los Pinareños Fruteria jedenfalls ist mittags oft rappelvoll.

cher allein zu trinken! Nicht nur würde Ihnen das Herz flattern, Sie würden auch verpassen, mit anderen ins Gespräch zu kommen. Denn an diesen *ventanitas* werden Tratsch und Klatsch ausgetauscht – man munkelt sogar, dass die Pläne für den Angriff auf die Schweinebucht hier geschmiedet worden seien. Beginnen wir also an der Ecke 15te und Calle Ocho bei **El Cristo** 1 mit einem Kaffee.

Von hier aus lohnt der Weg zum gegenüber gelegenen **Máximo Gómez Park** 1, dem eigentlichen Zentrum von Little Havana. Überwiegend ältere Männer finden sich hier tagtäglich ein, um Domino zu spielen, Zigarre zu rauchen und über Castro zu schimpfen. Am Rand stehen lange Bänke für Zuschauer, Kinder spielen und Frauen treffen sich zum Tratsch. Am Eingang des Parks erinnert ein Denkmal an die kubanischen Freiheitskämpfer, die 1961 bei dem gescheiterten Versuch ums Leben kamen, ihr Heimatland von Castro zurückzuerobern. Wer sich darüber genauer informieren möchte, geht ins nahe **Bay of Pigs Museum** 2. Um sich zu erfrischen, können Sie am Obstmarkt **Los Pinareños Fruteria** am Eingang des Parks halten und Guarapo trinken, frisch gepressten Zuckerrohrsaft.

Unmittelbar außerhalb des Parks beginnt der **Calle Ocho Walk of Fame** oder **Paseo de las Estrellas** 3. Hier haben sich exilkubanische Stars verewigt wie die Popsängerin Gloria Estefan, der Boxer Roberto Duran oder die berühmte Radiomoderatorin Martha Flores.

S
SAVE THE DATES

Besonders heiß her geht es auf der Calle Ocho jeweils am letzten Freitag im Monat beim **Viernes Cultural** (Cultural Friday). Dann haben die Restaurants und Kneipen Straßenstände aufgebaut, die Musik wird ins Freie verlagert und das Viertel feiert ein gigantisches Straßenfest. Ganz andere Dimensionen hat das **Festival de la Calle Ocho** mit über 1 Mio. Besuchern, das im März stattfindet und ebenfalls mit jeder Menge Musik- und Tanzshows und großem kulinarischem Angebot einhergeht.

Ein Abend im Takt von Little Havana

Das **Cubaocho Museum & Performing Arts Center** 4 ist ein Treffpunkt für kubanische Künstler, Intellektuelle und Musiker. In dem Kulturzentrum befinden sich ein kleines historisches Museum und die Kunstsammlung des Exilkünstlers Roberto Ramos. Abends kann man entspannt in der Café-Bar sitzen, einen Rum trinken und der Livemusik lauschen.

Havana Nights

So richtig zum Leben erwacht die Calle Ocho erst spätabends. Dann kann man hier wunderbar zu heißen Rhythmen die Nacht wegtanzen. Im **Ball & Chain** 1 werden auf der Bühne im lauschigen Hinterhof bis in die Morgenstunden lateinamerikanische Rhythmen geboten. Livemusik beginnt um 14 Uhr.

INFOS/ÖFFNUNGSZEITEN

Little Havana Visitor Center: 1442 SW 8th St., T 305 643 5500, variable Öffnungszeiten. Schöner Souvenirshop.
Bay of Pigs Museum 2: 1821 SW 9th St., T 305 649 4719, www.bayofpigsbrigade2506.com, Mo–Fr 10–16 Uhr
Cubaocho Museum & Performing Arts Center 4: 1465 SW 8th St., # 106, T 305 285 5880, www.cubaocho.com, Di–Sa 11–15, Di bis 22, Do bis 23 Uhr

KUBA AUF DEM TELLER

Probieren Sie einen *cafecito* oder *cortadito* (mit Milch) an einem der vielen Straßenfenster entlang der 8. Straße, etwa bei **El Cristo** 1 (1543 SW 8th, www.elcristorestaurant.com, tgl. 11–22 Uhr) oder **El Pub** 4. Zum Abkühlen an heißen Tagen lohnt ein Eis von **Azucar** 2 (1503 SW 8th St., www.azucaricecream.com, Mo–Mi 11–21, Do–Sa 11–23, So 11–22 Uhr). Ständig wechselnde, ausgefallene Sorten von Mango bis Mamey, Dulce de Leche bis Passionfruit. Die authentischste kubanische Küche bekommen Sie im **El Rey de las Fritas** 3. ›Frita‹ ist ein kubanisches Sandwich mit gebratenem Rinderhack, Schweinefleisch und Wurst (1821 SW 8th St., T 305 644 6054, www.elreydelasfritas.com, tgl. 8–22 Uhr). Tradionelles aus der Heimat ist auch das Spezialgebiet von **El Pub** 4 (1548 SW 8th St., www.elpubrestaurant.com, tgl. 7–24 Uhr). Ein familiengeführtes Restaurant mit typischer Kost und einem Stehcafè an der Ecke. Das beliebteste kubanische Restaurant von Miami, besonders für den Wochenendbrunch, ist das **Versailles** 5. Die kubanischen Sandwiches sind ebenso gut wie die Huhn- oder Fischgerichte (► S. 96).

LATEINAMERIKANISCHE RHYTHMEN

Ball & Chain 1: ► S. 107

Cityplan: Karte 4, C 5/6 | **Bus** 8: SW 7 St. & SW 16 Ave.; 208: SW 8 St. & SW 15 Ave.

Die Ruhe selbst – **Virginia Key und Key Biscayne**

#9

Wenn Sie über den Rickenbacker Causeway kommen, werden Sie es sofort spüren: Auf den Inseln Virginia Key und Key Biscayne ticken die Uhren anders. Der Lärm und die Überdrehtheit von Miami und Miami Beach fallen von einem ab und innere Ruhe kehrt ein. Die Wolkenkratzer von der Downtown und den Beaches sind nur noch eine ferne Kulisse.

Zwei Drittel von Key Biscayne und der davor liegenden kleineren Insel Virginia Key sind Naturschutzgebiet. Die endlos langen Strände der beiden Eilande sind still und beschaulich, laute Musik und Kneipen gibt es nicht. Stattdessen

›Sandcarver‹ in ihrem Element. Selbst für guinessbuchverdächtige Sandskulpturen geht auf Key Biscayne das Baumaterial nicht aus.

INFOS/ÖFFNUNGSZEITEN

Miami Seaquarium 1: 4400 Rickenbacker Cwy., T 305 361 5705, www.miamiseaquarium.com, tgl. 10–17/18 Uhr, ab 50 $
Marjory Stoneman Douglas Biscayne Nature Center 3: 6767 Crandon Blvd., T 305 361 6767, tgl. 9–15 Uhr, www.biscaynenaturecenter.org, geführte Tour 14 $
Bill Baggs Cape Florida State Park 4: 1200 Crandon Blvd., T 305 361 5811, www.floridastateparks.org/park/Cape-Florida, tgl. 7 Uhr bis Sonnenuntergang, pro Fahrzeug 8 $
The Cape Florida Lighthouse 5: Do–Mo kann man den Leuchtturm mit einer Führung um 10 und um 13 Uhr besteigen.

MIAMI UND DAS MEER IM BLICK

Rusty Pelican 1: 3201 Rickenbacker Cwy., T 305 361 3818, www.therustypelican.com, Mo–Do 12–22, Fr 12–23, Sa 11–23, So 10–22 Uhr
Dune Burgers on the Beach 2: 455 Grand Bay Dr., T 305 365 4500-6231, www.ritzcarlton.com, tgl. 11.30–19 Uhr
Lighthouse Cafe 3: 1200 Crandon Blvd., T 305 361 8487, www.lighthouserestaurants.com, tgl. ab 9 Uhr bis Sonnenuntergang; **Boater's Grill 4**: selbe Adresse, T 305 361 0080, www.lighthouserestaurants.com, Do–Sa 11–22, So–Mi 11–20 Uhr

---

AUF DIE BRETTER, FERTIG, LOS!

Miami Water Sports 1: 1 Rickenbacker Cwy. und 3300 Rickenbacker Cwy., T 305 345 4104, www.miamiwatersports.com, tgl. ab 10 Uhr bis Sonnenuntergang.

Cityplan: Karte 4, E 6–8 | **Bus** 102: Rickenbacker Causeway, Miami Seaquarium, Crandon Park, Village of Key Biscayne, Cape Florida State Park

vergnügen sich die Menschen mit Strandspaziergängen oder geben sich dem Wassersport hin: Segeln, Schnorcheln, Kajakfahren, (Kite-)Surfen, Stand-up-Paddling. Andere genießen einfach nur still das Meer.

Traumstrände mit Licht und Schatten

Wenn Sie über die lange Autobrücke vom Festland kommen, müssen Sie aufpassen, damit Sie die Ausfahrt zur **Virginia Key** nicht verpassen. Das wäre schade! Die kleine Insel vor der Haustür von Downtown Miami hat nämlich einen 6 km langen Traumstrand und eine Strandpromenade mit Picknickgelegenheiten.

Balanceakt auf dem Board

Die größte Attraktion von Virginia Key ist das **Miami Seaquarium** 1, wo man mit Delfinen, Pinguinen und Seerobben schwimmen kann und viel über das Ökosystem der Bucht erfährt. Im Seaquarium wurden Mitte der 60er-Jahre 88 Folgen der TV-Serie »Flipper« gedreht. Tierschützer kritisieren allerdings heftig die Bedingungen, unter denen einige der Meeressäuger hier gehalten werden.

Kitesurfen Sie gern? Dann können Sie sich am Rickenbacker Causeway bei **Miami Water Sports** 1 die passende Ausrüstung leihen und vom **Hobie Beach** 2 aus starten. Der kleine Strand mit Blick auf die Skyline von Downtown ist der beliebteste Spot der Kitesurfer von Miami. Das Wasser in der Bay ist allerdings so ruhig, dass Sie auch auf einem Stand-up-Paddleboard problemlos die äußere wie innere Balance finden können.

Auf der anderen Seite des Causeway vom Hobie-Strand aus liegt der **Rusty Pelican** 1, eine beliebte Destination von Cocktailfans. Leute aus ganz Miami kommen zum Feierabend hierher, um den Sonnenuntergang mit Blick auf die Bucht und auf die Skyline von Downtown zu erleben.

Das Sylt von Miami

Ein kurzes Inselhopping und schon sind Sie auf Key Biscayne. Die 8 km lange und bis zu 3 km breite Insel diente lange Zeit als Kokosnuss- und Ananasplantage. Das nördliche Drittel der Insel nimmt der **Crandon Park** ein, ein Naturschutzgebiet mit 3 km langem Strand.

Zum Naturschutzgebiet gehört der **Crandon Beach North** und **South,** ein beliebter Strand abseits vom Getümmel und mit sehr flachem Wasser. Die Palmen am Strand bieten das perfekte Postkartenmotiv! Ebenfalls Teil des Crandon Parks sind eine Tennis- und Golfanlage, die auch für Besucher offenstehen.

R
RAD & MTB

Wer mit dem 1 unterwegs ist, kommt auf Virginia Key und Key Biscayne voll auf seine Kosten. Ein beliebter **Radweg** führt von Miami über die gebogene Rickenbacker-Brücke bis zum äußersten Winkel, dem **Cape Florida Lighthouse** 5 (Eintritt für den State Park fällig), 26 km hin und zurück. Berge sucht man in Miami vergebens, trotzdem können sich Mountainbiker am **Virginia Key North Point Trail** erfreuen.

Zum Glück geschützt: Crandon Park im Norden von Key Biscayne

Ü ÜBRIGENS

Über Key Biscayne führte in den 1820er-Jahren ein beliebter Fluchtweg von schwarzen Sklaven und Seminolen, ein Volk der Native Americans. Sie schifften sich bei Nacht und Nebel vom Südzipfel ein und paddelten übers karibische Meer zu den Bahamas. Key Biscayne wird heute als Teil der »Underground Railroad« geehrt, des US-weiten Fluchtroutennetzes und Netzwerks der Fluchthelfer für Schwarze während der Sklavenzeit. »Underground Railroad« war ihr Codewort.

Im Nordosten des Parks liegt das **Marjory Stoneman Douglas Biscayne Nature Center** 3, das seinen Besuchern in zum Teil interaktiven Ausstellungen das Ökosystem der Dünen und Korallenriffe von Key Biscayne nahebringt. Wenn Sie noch mehr über die Ökologie der Insel und der Bucht erfahren wollen, können Sie sich einem der angebotenen *Field Trips* anschließen, geführten Ausflügen und Wanderungen am Strand entlang und durch die Dünen. Benannt ist das 1969 aus einem Sommercamp für Studenten hervorgegangene Naturzentrum nach der Umweltaktivistin, Autorin und Feministin Marjory Stoneman Douglas, die sich noch mit Mitte 90 vehement für den Ausbau des Zentrums einsetzte.

Im Ort **Village of Key Biscayne,** von der Größe dem mittleren Drittel der Insel entsprechend, leben rund 12 500 Menschen. Hier findet man u. a. eine Post, eine Bücherei, diverse Shoppingcenter und Restaurants. Wenn Sie mittags eine Stärkung benötigen, können Sie z. B. **Dune Burgers on the Beach** 2 ansteuern. Das Lokal gehört zwar zum Ritz Carlton, empfängt aber auch Gäste, die nicht im Hotel nächtigen. Es handelt es sich um ein legeres Burger-Restaurant direkt am Strand mit bequemen Sofas unter schattenspendenden Sonnensegeln.

Im Zuge der Restaurierung in den 1990er-Jahren wurde u. a. die Metallkonstruktion des Cape-Florida-Leuchtturms erneuert. Am 27. Juli 1996 war es dann endlich so weit: Dem Leuchtturm ging wieder ein Licht auf.

Frühe Erleuchtung

Im Inselsüden liegt ein weiteres Naturschutzgebiet, der **Bill Baggs Cape Florida State Park** 4, dessen 3 km langer Strand (mit Kajakverleih) als einer der schönsten Nordamerikas gilt. Und noch ein Superlativ verbindet sich mit diesem Teil von Key Biscayne: Hier steht das älteste Gebäude Südfloridas, **The Cape Florida Lighthouse** 5. Der ursprüngliche Turm wurde 1825 errichtet, der jetzige stammt aus dem Jahr 1847. Unweit des Turms waren bereits 1513 spanische Seefahrer an Land gegangen. Ihr Anführer Ponce de Léon verzeichnete das Eiland in seiner Karte und gab ihm den Namen Santa Marta. In der Nähe des Leuchtturms, der in den 1990er-Jahren aufwendig saniert wurde, liegt das **Lighthouse Cafe** 3 und weiter nordwestlich der **Boater's Grill** 4, wo man gemütlich mit Blick auf den **No Name Harbour** 6 dinieren kann.

Hippieflair und karibische Lebensart – **Coconut Grove**

10

Jeder Stadtteil von Miami spielt eine andere Karte aus: Coconut Grove ist für seine besonders relaxte Atmosphäre bekannt. Das Stadtviertel – einst eine Ansiedlung karibischer Einwanderer an der Bucht von Biscayne – hat sich seinen Nachbarschaftscharakter bewahrt. In den Parks, Cafés und Restaurants herrscht Hippieflair – leben und leben lassen ist die Devise.

Die Skylines von Downtown Miami und Miami Beach sind nur einen Steinwurf entfernt – und doch: Wenn man an der Kreuzung von Main Highway und Grand Avenue steht, dem Zentrum von Coconut Grove, wähnt man sich an einem völlig anderen Ort. Die kleinen Wohnhäuser aus

»King Mango Strut«, eine total abgedrehte Parade, lässt am letzten Sonntag im Jahr Menschen mit Sinn für schrägen Humor nach Coconut Grove strömen. Der satirische Protestzug nimmt alles und jeden auf die Schippe.

Ü ÜBRIGENS

Die Anfänge von Coconut Grove gehen bis in die 1820er-Jahre zurück, als sich der Wächter des Leuchtturms von Key Biscayne hier niederließ. Ab den 1880er-Jahren entwickelte sich ›The Grove‹ zur ersten schwarzen Gemeinde Südfloridas. Erst 1925 wurde Coconut Grove in die Stadt Miami eingemeindet.

E EVENTS

»Come early and bring a picnic«, heißt es, wenn im The Barnacle Historic State Park mal wieder Theater oder Musik geboten wird. Besonders beliebt sind die Konzerte »Barnacle under Moonlight« (Details s. www.thebarnacle.org).

Kalkstein und Pinienholz verleihen der Siedlung die Anmutung eines karibischen Dorfs. Dazu passt die Lebenseinstellung der Bewohner: Man frönt den schönen Dingen des Lebens – »Life is too short to be stressed all day long.« Tun Sie's den Bewohnern des Bohemienviertels gleich: In den Cafés und Restaurants oder den wunderschönen tropischen Parks mit Blick auf die Bucht lässt sich herrlich ein ganzer Tag verbummeln.

Ein Stadtteil aus dem Nichts geschaffen

Gegründet wurde Coconut Grove in den 1880er-Jahren von bahamianischen Einwanderern, die hierherkamen, um als Bedienstete im Bay View House (1883) zu arbeiten, das damals einsam und allein an der Bucht stand. Später Peacock Inn genannt, zog es die ersten ›Snowbirds‹ an, wohlhabende Gäste aus dem Nordosten, die in Miami den Winter verbrachten. Das Hotel selbst existiert heute nicht mehr, das Grundstück, das die Peacocks der Stadt vermachten, ist heute als **Peacock Park** 1 der zentrale Veranstaltungsort von Coconut Grove: Beinahe an jedem Wochenende finden hier Konzerte oder Festivals wie das Grovetoberfest, das Woodystock oder das beliebte Coconut Grove Arts Festival statt. Die Tradition geht auf die 60er- und 70er-Jahren zurück, als der Park der Treffpunkt der Hippies von Miami und eine Art Dauer-Woodstock war.

Im Jahre 1891 fertiggestellt, ist **The Barnacle** (›Seepocke‹) das älteste erhaltene Wohnhaus von Miami. Es gehörte Ralph Middleton Munroe, einem Schiffsbauer, der 1882 in der Hoffnung nach Miami gezogen war, das Klima könne der Gesundheit seiner an Tuberkulose erkrankten Frau zuträglich sein. Doch noch im gleichen Jahr musste er sie zu Grabe tragen. Erst ein paar Jahre später erwarb Munroe das Grundstück an der Bay, heute **The Barnacle Historic State Park** 2. Bei einer Führung in The Barnacle können Sie einen Blick in die teils von Munroe selbst gestalteten Räume werfen, in denen er mit seiner zweiten Frau und den beiden gemeinsamen Kindern lebte. Munroe, der als einer der Väter von Coconut Grove gilt, gründete mit seinem Namensvetter Kirk Munroe, einem berühmten Schriftsteller, 1887 den noch heute existierenden Biscayne Bay Yacht Club. Am Wasser finden Sie Munroes Bootshaus, einen Nachbau, denn der ursprüngliche Bau, in dem Munroe sich auch ein Fotolabor eingerichtet hatte, hielt dem Hurrikan 1926 nicht stand.

Bahamaisches Leben

Das Zentrum von Coconut Grove bildet der Multifunktionskomplex **CocoWalk** 1, der kürzlich komplett umstrukturiert wurde. In seinem Innenhof steigen oft kostenlose Freiluftkonzerte. Drumherum findet man Restaurants und Geschäfte, die Kundschaft legt Wert darauf, dass es sich hier um Unikate und keine Ketten handelt. Auch um den CocoWalk herum stößt man überall auf ausgefallene Boutiquen, Buchläden, Friseursalons, Bars und Restaurants.

Künstler und Hippies

Schon seit Mitte des 20. Jh. zog Coconut Grove Künstlerseelen und Schreibende an, z. B. Tennesee Williams, dessen Stück »A Streetcar Named Desire« (dt. »Endstation Sehnsucht«) 1956 im **Coconut Grove Playhouse** 3 (leider bis auf Weiteres geschlossen) auf die Bühne kam. Ab den 70er-Jahren entwickelte sich der Stadtteil zum Zentrum der Aussteiger- und Hippiekultur. Dieses Flair spürt man u. a. noch deutlich bei den zahlreichen (und oft kostenlosen) Events und Paraden, die Coconut Grove veranstaltet, sowie den eigenwilligen Shops. Stöbern Sie etwa mal bei **Palm Produce** 2 (Mode und PanAm-Reisesouvenirs) oder **Love Shack Fancy** 3 für ausgefallene Damenmode und -Accessoires. Bummeln Sie einfach im Dreieck zwischen der Grand Avenue, dem Main Highway und Commodore Plaza entlang, der Vibe ist inspirierend! Und für ein Päuschen mit Meerblick lohnt ein Abstecher in den **Peacock Park** 1 oder den **Barnacle Park** 2.

Fantasten und Träumer

Coconut Grove war schon immer ein Spielplatz der Fantasten und Träumer. Einer von ihnen war der Großindustrielle Charles Deering. Wie viele andere amerikanische Unternehmer des Gilded Age, des amerikanischen Kapitalismus Ende des 19. Jh., imaginierte er sich als europäischer Aristokrat. Passend dazu ließ er sich ab 1914 sein persönliches Versailles an einem der schönsten Flecken der Atlantikküste errichten: das Märchenschloss **Villa Vizcaya** 4. Trotz des stolzen Eintrittspreises lohnt sich ein Be-

Einmal im Jahr, im Juli, feiert der Stadtteil seine karibischen Wurzeln mit einem bunten, lauten Straßenfest, als Teil des Coconut Food & Wine Festivals (https://coconutgrovefoodandwine.com)

▶ ONLINE

In »The Grove« ist immer was los und das oftmals sogar kostenfrei. Von Yoga im Park und Sonntagsmarkt, über Montags-Martini, »Turn it up Tuesday« (Zumba) bis hin zum Mittwochs-Kino ... Gesellen Sie sich einfach dazu, aktuelle Events finden Sie hier: https://calendar.coconutgrove.com/calendars/all-events

Villa Vizcaya als Kulisse

such dieses bezaubernden Ortes, der gern als Location für Kinofilme und Hochzeiten gebucht wird.

Zwischen toskanischen und französischen Fresken im prunkvollen, mit Marmor ausgelegten Haupthaus erhascht man immer wieder Ausblicke auf die Bucht. Die Hauptattraktion sind aber zweifellos die Gärten, die zwar von Versailles inspiriert sind, mit ihren Palmen und Orchideen aber einen spürbar tropischen Touch haben.

INFOS/ÖFFNUNGSZEITEN

Im Internet: www.coconutgrove.com
The Barnacle Historic State Park 2**:** 3485 Main Hwy., www.floridastateparks.org; **The Barnacle,** T 305 442 6866, www.thebarnacle.org, Eintritt 2 $; Fr–Mi 9–17 Uhr, Führung Fr–Mo 10, 11.30, 13, 14.30 Uhr, 3 $
Vizcaya Museum & Gardens 4**:** T 305 250 9133, www.vizcaya.org, Mi–Mo 9.30–16.30 Uhr, 25 $
Coconut Grove Arts Festival: Feb., www.cgaf.com. 4 Tage Open-Air-Kunst, Musik und Essen im Peacock Park rund um das President's-Day-Wochenende.

GOOD EATING AND MORE

Panther Coffee 1**:** 3407 Main Hwy., T 305 677 3952, www.panthercoffee.com, tgl. 7–19 Uhr. Lässiges lokales Café, wo die Kreativen von Coconut Grove sich treffen, um zu arbeiten und sich auszutauschen.
Greenstreet Cafe 2**:** 3468 Main Hwy., T 305 444 0244, www.greenstreetcafe.net, So–Do 7.30–24, Fr, Sa bis 2 Uhr, Happy Hour Mo–Fr 16–19 Uhr. Café-Restaurant mit großer Terrasse. Perfekt, um zu brunchen und Leute zu beobachten (▶ S. 91).
Jaguar 3**:** 3067 Grand Ave., T 305 444 0216, https://jaguarrestaurant.com/location-hours, So–Do 11–22, Fr, Sa 11–23 Uhr. Latino-Restaurant und Bar mit Außenterrasse im Herzen von Coconut Grove.

LIFESTYLE-SHOPPING

CocoWalk 1**:** 3015 Grand Ave., https://cocowalk.com, tgl. 10–23 Uhr. Dutzende ausgefallene Boutiquen und Restaurants, u. a. das vegetarische Lokal **Planta Queen**, uruguayische Küche im **Narbona,** der Kosmetikshop **Bluemercury, Coco Cigars** und **Cinepolis Luxury Cinemas,** ▶ S. 102
Palm Produce 2**:** 3439 Main Hwy., www.palmproduceresortwear.com, Mo–Do 10–18, Fr, Sa 10–19, So 12–17 Uhr. Ausgefallene, aber erschwingliche Resort-Style-Mode, PanAm-Memorabilia und Geschenkideen.
Love Shack Fancy 3**:** 3401 Main Hwy., www.loveshackfancy.com, Mo–Sa 10–19, So 10–18 Uhr. Verspielte Kleidung mit viel Rosa und Blümchen.

Cityplan: Karte 3 | **Metrorail:** Coconut Grove

Iberische Fantasien – **Coral Gables**

#11

Durch Coral Gables zu fahren, ist eine surreale Erfahrung. Man fühlt sich wie in einer mediterranen Stadt: spanische Villen, Keramikschilder an den Mauern, Straßennamen wie Perugia und Alhambra Street. Banyanbäume, deren Kronen regelrecht Tunnel über die Alleen bilden, schaffen Schatten und das gediegene Ambiente riecht nach Geld.

George E. Merrick hätte die Vorstellung, dass die Besucher und Bewohner von Coral Gables rund 95 Jahre nach der Grundsteinlegung für die Siedlung eine solch verwirrende Erfahrung machen, sicher gefallen. Für ihn war Coral Gables von Anfang an ein Wunderland, eine steingewordene Fantasie. Als der gelernte Rechtsanwalt die 12 km^2 Sumpfland im Südwesten von Miami von seinen Eltern erbte, wusste er zunächst nicht recht, was er damit anfan-

Seit der fulminanten Eröffnung 1924 erlernten Generationen von Kindern im Venetian Pool das Schwimmen. Von Beginn an war das Bad auch ein Ort der Begegnung von Einheimischen und Auswärtigen.

INFOS/ÖFFNUNGSZEITEN

Internet: www.coralgables.com
Biltmore Hotel 1: 1200 Anastasia Ave., www.biltmorehotel.com
Venetian Pool 2: 2701 De Soto Blvd., T 305 460 5306, www.coralgables.com/attractions/venetian-pool, Sa–Mi mind. 11–16.30 Uhr, 21 $

Matheson Hammock Park 3: 9610 Old Cutler Rd., www.miamidade.gov/parks/matheson-hammock.asp
Fairchild Tropical Botanic Garden 4: 10901 Old Cutler Rd., T 305 667 1651, www.fairchildgarden.org, tgl. 10–17 Uhr, 25 $
Coral Gables Museum 8: 285 Aragon Ave., T 305 603 8067, http://coralgables museum.org, Di–So 11–17 Uhr, $ 12

FLANIEREN UND SCHLEMMEN ENTLANG DER GIRALDA AVENUE

Threefold Cafe 1: 141 Giralda Ave., T 305 704 8007, www.threefoldcafe.com, Mo–Do 7.30–15, Fr–So 7.30–16 Uhr
Divino Ceviche 2: 160 Giralda Ave., https://divinoceviche.com, So–Do 12–21, Fr, Sa bis 22 Uhr. Peruanische Ceviche-Spezialitäten.
Calista 3: 150 Giralda Ave., https://calistataverna.com, tgl. 12–22 Uhr. Griechische Küche.
Graziano's 4: 394 Giralda Ave., www.grazianosgroup.com, tgl. 11–15.30, 17–22.30 Uhr. Argentinische Feinkostläden, bei denen man an der Frischetheke auch Essen bestellen kann, und Lokale.

Cityplan: Karte 4, B/C 7/8 | **Metrorail:** University

F
FUSSBALL

Wer auf Fußball im Urlaub nicht verzichten möchte, trifft im **Fritz & Franz Bierhaus** 5 (60 Merrick Way, www.bierhaus.cc, Di–So 11–23 Uhr) Fans aus der ganzen Welt. Die Stimmung in dieser deutsch-österreichischen Kneipe mit großem Außenbereich und Public Viewing ist oftmals wahrhaft ohrenbetäubend.

gen sollte. Doch nach Reisen in die Städte Chicago und Washington im Norden der USA begann sich in seinem Kopf eine Vision zu formen: Er wollte einen Ort nach dem Vorbild von Städten wie Paris oder Madrid schaffen, mit breiten Boulevards, Parks und monumentalen Bauten. Die Befürworter dieser Art von Städteplanung bildeten damals eine eigene Bewegung: City Beautiful Movement.

Wegen des Klimas und der Vegetation in Florida stand für Merrick fest, dass seine ›City Beautiful‹ einen mediterranen Anklang haben sollte. Innerhalb kürzester Zeit plante und errichtete er die Fantasiestadt Coral Gables nach spanischem Vorbild.

Palast der Roaring Twenties

Am besten lässt sich die architektonische Kühnheit von Coral Gables am und im **Biltmore Ho-**

tel 1 erleben. Der 96 m hohe Bau im italienischen Renaissance-Stil ist Inbegriff der Grandhotels der Goldenen Zwanziger Jahre. Nach seiner Eröffnung 1926 lockte das Hotel die High Society aus aller Welt an. Die englische Königsfamilie stieg hier ab und der Hollywoodadel, u. a. Stars wie Ginger Rogers, Bing Crosby und Judy Garland. Die Geldaristokratie aus dem Nordosten überwinterte im Biltmore ebenso wie Gangsterkönig Al Capone, der hier sogar seine eigene Suite besaß.

Bis heute verströmt das Biltmore den Charme jener Tage. Innenhöfe und Säulengänge, Brunnen und Mosaike sind von einer altweltlichen Aura umgeben. Die Ausblicke über den weitläufigen Golfplatz und den gigantischen Pool vermitteln das Gefühl von opulentem Luxus. Falls Sie nur kurz mal darin schwelgen wollen, können Sie zwischen verschiedenen Restaurants wählen, jedes für sich ein kulinarisches Erlebnis (und auch Nicht-Hotel-Gästen offen).

Das gigantische Biltmore Hotel sieht ein wenig aus wie eine spanische Villa auf Anabolika.

Baden wie am Lido

Schöner können Sie sich in Coral Gables nicht erfrischen: Der 1923 in einen alten Korallensteinbruch gebaute **Venetian Pool** 2 soll das Gefühl vermitteln, im Meer bei Venedig zu baden.

Auch die Parkanlagen im Süden spiegeln das fantastische schwelgerische Lebensgefühl von Coral Gables wider. Im weitläufigen **Matheson Hammock Park** 3 mit verschlungenen Wasserwegen und künstlichen Buchten kann man paddleboarden, Boot fahren, schwimmen und picknicken. Der nahe **Fairchild Tropical Botanic Garden** 4 zählt zu den schönsten Lehrgärten für tropische Pflanzen auf der Welt und besitzt eine eindrucksvolle Sammlung von Palmen und Orchideen.

Wundermeile

Am Rande der Siedlung Coral Gables verläuft die sogenannte **Miracle Mile,** das kommerzielle Zentrum von Coral Gables: Entlang dem Coral Way zwischen SW 42nd und SW 32nd Avenue reihen sich entsprechend der eher wohlhabenden Klientel von Coral Gables schicke Markenboutiquen, teure Frisiersalons und edle Restaurants aneinander. Zum Dinieren ist das Angebot in Coral Gables ebenso groß wie teuer. Parallel zur Miracle Mile verläuft die Fußgängerzone »Giralda«, wo viele

Ü
ÜBRIGENS

George E. Merrick hatte rund um Coral Gables prunkvolle Eingangstore geplant, wie man sie von andalusischen Anwesen kennt, doch sie wurden nie ganz fertig. Einige der Bauten kann man dennoch heute bewundern: den **Alhambra Entrance** 5 (Alhambra Circle/Ecke Douglas Rd.), den **Granada Entrance** 6 (Alhambra Circle/ Ecke Granada Blvd.) oder den **Coral Way Entrance** 7 (Ecke Red Rd./Coral Way).

Der leere Blick ist Coolness – Mode-Drillinge an der Miracle Mile

nette Restaurants einladen, etwa das **Threefold Cafe** ❶ zum Frühstück, der Peruaner **Divino Ceviche** ❷ oder nebenan der Grieche **Calista** ❸ mit frischer Fischauswahl.

Neue (Buch-)Seiten aufschlagen

Zu empfehlen ist ein kurzer Besuch im **Coral Gables Museum** 8, wo Sie noch einmal die Entstehungsgeschichte von Coral Gables anhand vieler historischer Fotos nachvollziehen können. Neben dem Museum lockt der Buchladen **Books & Books** 1 (► S. 99) zu dem ein lauschiges **Café** in einem stillen Innenhof gehört. Hier lässt sich stilvoll ein ganzer Nachmittag verschmökern.

Ü ÜBRIGENS

In Coral Gables wurde vor allem im mediterranen Stil gebaut. Doch George E. Merrick hat in Mini-›Dörfern‹ auch andere Baustile nachgeahmt. So treffen Sie auf ein **Chinese Village** 9, ein **Dutch South African Village** 10 und ein **French Normandy Village** 11.

UM DIE ECKE

Wem das Shopping an der Miracle Mile nicht genug war, der hat es nicht weit zum **Shops at Merrick Park** 2 (► S. 103), einem offenen dreistöckigen Shoppingcenter mit Boutiquen gehobener internationaler Marken wie Nordstrom oder Gucci. Hier findet sich eine weitere kleine Auswahl an eleganten Bistros und Restaurants, wie die französisch inspirierte **Brasserie Central** ❻ (320 San Lorenzo Ave., #1205, T 786 536 9388, www.brasseriecentralmiami.com, tgl. mind. 12–22 Uhr).

Wasser-Wunderland – **Biscayne National Park**

12

Der Spanier Ponce de Léon, der vor 400 Jahren in der großen Bucht landete, die sich südlich von Miami von Key Biscayne bis nach Key Largo erstreckt, war von ihrer Schönheit überwältigt und benannte sie nach der ›Biskaya‹ in seiner Heimat. Keine Stunde von Miami Beach entfernt können Sie das drittgrößte Korallenriff der Welt erkunden. Tauchen Sie getrost mal unter!

In oft nur 3–5 m Tiefe eröffnet sich eine reiche Unterwasserwelt mit bunten tropischen Fischen, Stachelrochen, Delfinen, Seekühen und bisweilen kleinen Haien. Dank der Initiative von Anwohnern und Journalisten aus Miami konnte dieses Juwel, unter dem größere Erdölvorkommen liegen, in den 1960er-Jahren vor den Begehrlichkeiten der Ölindustrie gerettet werden. 1968 erfolgte zunächst

Mangroven-Poesie im Biscayne National Park. Mangroven kommen im Nationalpark als Solitäre, aber auch als ganze Wälder vor. Sie speichern besonders viel Kohlendioxid, was sie unschätzbar für den Klimaschutz macht.

Die University of Miami zieht im Nationalpark aus Korallenfragmenten gesunde Korallen heran, mit denen geschädigte Riffbereiche ›repariert‹ werden.

K
KAJAK & CO.

Wer die Bucht gern auf eigene Faust kennenlernen möchte, kann beim **Dante Fascell Visitor Center** 1 Kajaks und Kanus mieten. Besonders schön ist das Paddeln entlang der Mangrovenwälder nördlich und südlich vom Convoy Point. Das beliebteste Ziel ist aber die **Jones Lagoon** 2 zwischen Totten Key und Old Rhodes Key (Inselgruppe Islandia). Die Ranger im Besucherzentrum geben detaillierte Auskünfte.

die Ernennung zum nationalen Monument und 1980 die zum Nationalpark. Es ist zudem ein bedeutendes Schutzgebiet für heimische Vögel wie Pelikan, Heron, Seeadler oder Habicht und auch viele Flugvögel, die hier saisonal Station machen. Große Vogelschwärme finden auf den unzugänglichen Mangroveninseln ein sicheres Zuhause.

Die Ranger begleiten zum Riff

In dem 700 km² großen unberührten Naturparadies mit einem Landanteil von nur 5 % können Sie in aller Ruhe den ganzen Tag schnorcheln, tauchen, paddeln und schwimmen. Erste Anlaufstelle für Besucher ist das **Dante Fascell Visitor Center** 1 wenige Kilometer östlich der Stadt Homestead. In dem großen rustikalen Strandhaus am **Convoy Point** finden Sie freundliche Ranger und viel Infomaterial über das Ökosystem Biscayne Bay. Auch ein Film stimmt auf die Wasserlandschaft ein. Hinter dem Haus ist Platz für ein Picknick mit Meeresblick. Das **Biscayne National Park Institute** am selben Ort bietet zahlreiche Bootstouren durch den Park und weitere Aktivitäten an. So gibt es tägliche Ausflüge zur Boca Chita Key. Man fährt eine Stunde mit einem Ranger hinaus, der über die Flora und Fauna des Riffs informiert. An der Boca Chita Key wird dann geschnorchelt. Mindestens zu zweit sollten Sie für die »Snorkeling & Site Seeing«-Tour sein – mit Lunch-, Paddling- und Schnorchelstopps.

Schnorchelnd zum Schiffswrack

Auf dem Grund der Bucht liegen sechs Schiffswracks aus verschiedenen Epochen der Seefahrergeschichte von Florida. Sie sind wie das **Fowey Rocks Lighthouse** 3 (1878), dessen solarbetriebenes Licht 17 Meilen weit leuchtet, Teil des **Maritime Heritage Trail.** Für Schnorchler zugänglich ist nur der Zweimaster **Mandalay** 4, der 1966 auf Grund lief. Die 35 Personen an Bord, die sich auf der Rückreise von einem Bahamas-Trip befanden, kamen mit dem Schrecken davon. Das Wrack lässt nicht mehr erahnen, dass die Mandalay einst ein nobles Schiff mit Mahagoni-, Elfenbein- und Teakholzausstattung war. Die anderen Wracks, zu denen auch ein Piratenschiff aus dem 19. Jh. gehört, sind Tauchern vorbehalten.

Drei Jahre (1875–1878) dauerte der Bau des Leuchtturms. Um keine Zeit durch den Arbeitsweg zu verlieren, campierten die Arbeiter auf einer Plattform auf dem Wasser.

INFOS/ÖFFNUNGSZEITEN

Dante Fascell Visitor Center 1: 9700 SW 328th St., Convoy Point, T 786 335 3612, www.nps.gov/bisc, tgl. 9–17 Uhr

AKTIV AUF DEM UND IM WASSER

Biscayne National Park Institute: Adresse s. o. Verleih von Kajaks und Kanus; Segeltour 10–16 Uhr. Details und Reservierung – auch für weitere Aktivitäten: www.biscaynenationalpark institute.org.
Bringen Sie ein Lunchpaket und genügend Wasser mit, mitten auf dem Meer gibt es keine Einkaufsmöglichkeiten!

GRATIS-ANFAHRT PER TROLLEY

Ende Nov.–April verkehrt am Wochenende der kostenlose **Homestead National Parks Trolley** zwischen Losner Park (Homestead, 104 N. Krome Ave.) und dem Dante Fascell Visitor Center (www.cityofhomestead.com > Visitors).

FÜR OUTDOOR-FANS

Auf **Elliott Key** und **Boca Chita Key** gibt es einfache Campingplätze (25 $/Zelt). Da die Keys zu einem Naturschutzgebiet gehören, muss man alles, inklusive Frischwasser, selbst mitbringen und natürlich wieder mitnehmen (► S. 84).

Cityplan: Karte 6, G/H 3–5 | **Metrorail:** Dadeland South, dann **Bus** 38: Homestead, anschließend **Trolley** (s. oben)

13

Von A wie Alligator bis Z wie Zypresse – **rund um die Everglades**

Wenn man der Calle Ocho in Miamis Little Havana immer weiter in Richtung Westen folgt, verschwindet die Stadt in weniger als einer halben Stunde im Rückspiegel. Vor einem wird der Himmel immer weiter, Kraniche segeln über das Dach und rechts und links breitet sich bis zum Horizont eine ebenso mysteriöse wie erhabene Sumpflandschaft aus: die Everglades.

Das über Jahrtausende gewachsene Ökosystem der Everglades wurde durch das Eintreffen der Siedler vor über 120 Jahren empfindlich gestört. Seit 1947 steht es unter Naturschutz.

Die Sümpfe und Mangrovenwälder des 6000 km^2 großen Everglades National Park bedecken die gesamte Südspitze von Florida. Sie sind die Heimat u. a. von Alligatoren, Ibissen und Ottern, von Panthern, Riesenschildkröten und Seekühen – und von alten Legenden der Native Americans.

Die Landschaft ist weniger dramatisch als in den großen Nationalparks im Westen, sie wirkt ruhiger und beschaulicher. Doch die Everglades sind eines der reichsten und faszinierendsten Ökosysteme der Welt. Sie sind ein Resultat des langsamen Süßwasserabflusses von den Seen in Zentralflorida in den Golf von Mexiko. In Tausenden kleiner Rinnsale läuft das Wasser über den nährstoffreichen Kalksandstein Südfloridas. Zusammen mit dem tropisch schwülen Klima bietet die Region ideale Bedingungen für eine einzigartig fruchtbare Tier- und Pflanzenwelt. Mangroven- und Zypressenwälder wechseln sich mit einer Seegrassprairie ab, derentwegen die Ureinwohner die Everglades Pa-Hay-Okee (›grasiges Wasser‹) nannten.

Wenn Sie auf den nächsten zwei Meilen einem Florida-Panther (Puma concolor coryi) begegnen, ist es etwas ganz Besonderes, denn im Everglades- und Big-Cypress-Gebiet leben nur noch wenige Exemplare der goldbraunen Großkatze.

Per Fahrrad versumpfen

Der einfachste Zugang zum Nationalpark ist von Miami aus über die Route 41, auch Tamiami Trail genannt (ca. 1 Std. bis Parkeingang). Die erste Gelegenheit, die Everglades zu erkunden, bietet sich am **Shark Valley Visitor Center** [1]. Von hier aus sind mehrere beschilderte Wanderungen ins Herz der Sümpfe möglich. Auf einem 24 km langen asphaltierten Weg können Sie den dichten Dschungel sogar per Fahrrad erkunden. Räder werden von Shark Valley Tram Tours vermietet, die außerdem geführte Touren in einer Art offenem Minizug anbieten.

In der Nähe des Besucherzentrums liegt am Tamiami Trail das **Miccosukee Indian Village** [2]. Hier informieren Indigene vom Stamm der Miccosukee über dessen Geschichte, traditionelle Lebensweisen sowie Gegenwart und Zukunft.

Der **Tamiami Trail,** der nach den Städten Tampa und Miami benannt ist, die er verbindet, verläuft zunächst mehr als 100 km weiter nach Everglades City an der Golfküste. Unterwegs gibt es immer wieder Aussichtspunkte und Gelegenheiten für kleine Wanderungen (ausgeschildert).

G GALERIE

Besuchen Sie auch die **Big Cypress Gallery** [3] am Tamiami Trail. Sie zeigt die Werke des Fotografen Clyde Butcher (geb. 1942), der wie kein Zweiter die Everglades in Szene gesetzt hat. Seine großformatigen Schwarz-Weiß-Bilder sind von Ansel Adams beeinflusst. Von der Galerie aus, zu der das komfortable **Swamp Cottage** (2–4 Pers. ab 275 $) gehört, kann man Sumpfwanderungen unternehmen.

Wie erforscht man einen Sumpf?

Abgesehen von der Tamiami-Straße und dem Eingang bei Shark Valley sind die Everglades eine Gras- und Wasserlandschaft, die nicht ohne Weiteres zugänglich ist. Der gängigste Weg ist per Airboat. Da der Wasserstand je nach Regenfall wechselt und ohnehin selten über einem Meter liegt,

Everglades bedeutet übersetzt etwa ›Nicht enden wollende Lichtungen‹. Die hier dominierende Pflanze ist die bis zu 3 m hohe Sauergrasart Cladium jamaicense.

wurden hierfür spezielle Boote mit einem großen Außenbordmotor entwickelt, der das Gefährt quasi über die Wasserfläche schweben lässt, ohne mit dem Motor auf Grund zu stoßen. Beinahe so wie ein Pelikan über den Sumpf zu schweben ist ein besonderes (wenn auch lautes – Ohrstöpsel werden verteilt) Erlebnis. Rund ein Dutzend Anbieter findet man entlang des Tamiami-Trails, die meisten Touren sind zwischen 30 und 45 Minuten lang und bieten eine Alligatorshow gleich mit an.

Des Weiteren kann man die Everglades leise per Kanu erforschen oder ganz mutig auch zu Fuß! Bei solch einem »Swamp Tromp« ist man hautnah auf Tuchfühlung mit der Natur und muss sich mit einem Stock durch den unebenen Sumpfboden tasten. Der Guide – ein Gladesman – erklärt dabei, was ein »Mangroven-Knie« ist und wie man einen ledrigen Alligatoren von einem schwimmenden Stück Holz unterscheidet (gar nicht so einfach!).

Übrigens: Achten Sie mal darauf, wie sich die Vegetation ändert, je weiter Sie von Miami nach Westen in Richtung Naples fahren. Genau dort, wo die unmarkierte Grenze zwichen dem Everglades National Park und dem Big Cypress National Preserve liegt, befindet sich eine Wasserscheide. Westlich prägen hohe Zypressen das Landschaftsbild, östlich eine Graslandschaft, die die Naturschützerin Marjorie Stoneman Douglas treffend als »River of Grass« beschrieben hat.

S
SEMINOLEN

Trotz aller Veränderungen ist noch die Wildheit zu spüren, die die Everglades einst zum Refugium der Ureinwohner machten. Die Seminolen flohen im 19. Jh. in die Sümpfe, um der Umsiedelung in Reservate zu entgehen. In der Wildnis hatten die US-Soldaten keine Chance gegen sie und so bleibt der Stamm der einzige, der nie vor den USA kapituliert hat. Über die Besiedlung der Everglades informiert das kleine **Museum of the Everglades** 4 in Everglades City.

INFOS/ÖFFNUNGSZEITEN

Everglades National Park: T 305 242 7700, www.nps.gov/ever, p. P. 15 $ **Shark Valley Visitor Center** 1, 36000 SW 8th St., T 305 221 8776, tgl. 9–17 Uhr; **Shark Valley Tram Tours,** Adresse s. o., www.sharkvalleytramtours.com, Radverleih 7,50 $. **Gulf Coast Visitor Center,** 815 Oyster Bar Lane, T 239 695 2591, 9–16.30 Uhr
Miccosukee Indian Village 2: Mile Marker 35, U.S. Hwy. 41, T 305 552 8365, https://miccosukee.com/resort/experiences/village-museum, geführte Touren um 10.30, 11.30, 12.30, 13.30, 14.30 und 15.30 Uhr, 15 $
Big Cypress Gallery 3: 52388 Tamiami Trail E, Ochopee, T 239 695 2428, http://clydebutcher.com/galleries
Museum of the Everglades 4: 105 Broadway Ave. W, Everglades City, T 239 695 0008, www.evergladesmuseum.org, Di–Sa 9–16 Uhr, Spende erbeten
Big Cypress Oasis Visitor Center: 52105 Tamiami Trail E, Ochopee, T 239 695 1201, tgl. 9–16.30 Uhr
Big Cypress Swamp Welcome Center: 33000 Tamiami Trail E, T 239 695 4758, tgl. 9–16.30 Uhr

EMPFEHLENSWERTE TOURANBIETER

Everglades Adventure Tours 1: 40904 Tamiami Trail E, T 800 504 6554, http://evergladesadventuretours.net. Größter und bester Anbieter von Everglades-Touren; u. a. Wanderungen, Kanu- und Luftkissenboot- sowie Camping-Touren; ökologisch ausgerichtet.
North American Canoe Tours 2: 107 Camelia St. E, T 239 323 9836, https://iveyhouse.com/adventures, Touren ab 99 $, Kanu-Miete ab 25 $ (Ermäßigung bei Übernachtung im Ivey House, wo sich der Verleih befindet).

AUF KRABBEN SPEZIALISIERT

Joanie's Blue Crab Cafe 1: 39395 Tamiami Trail E, Ochopee, T 239 695 2682. Charmantes Lokal, in dem Sie neben frischen Krabben u. a. ›Alligator-Salat‹ probieren können.
Triad Seafood Market & Cafe 2: 401 School Dr., T 239 695 0722, http://triadseafoodmarketcafe.com. Beliebtes Lokal für Hummer und Krabben mitten in Everglades City.

Cityplan: Karte 6 | Anreise mit eigenem Fahrzeug; Ausflüge ab Miami (► S. 111)

14

Wer hat die Kokosnuss? – **The Redland**

Wer es exotisch und authentisch mag, der sollte einen Abstecher westlich vom Highway 1 – die Straße, die von Miami auf die Keys führt – einlegen. Im subtropischen Klima gedeihen auf der reichhalten (roten) Erde nicht nur tropische Früchte, sondern auch ausgefallene Ideen. Wer etwa meißelt schon sein Leben lang mit einer Feile an porösem Kalkstein herum, um seiner verflossenen Liebe ein Schlösschen zu bauen?

Und wieso nur Wein aus Trauben keltern, wenn es doch genauso gut mit Lychees, Passionsfrucht oder Mango geht? Traditionen und Innovationen sind hier kein Gegensatz, sondern befruchten sich gegenseitig.

Im historischen Cauley Square Village kann man im Tea Room die Zeit im doppelten Sinne vergessen.

Farm-to-Fork

Frischer geht's nicht, als direkt vom Feld auf dem Teller bzw. vom Baum im Glas zu landen. Fahren Sie völlig entspannt abseits der viel befahrenen US-1, an Palmenplantagen und Mangohainen entlang, und halten Sie an einem der Saftstände oder Pop-up-Restaurants an. Etwa bei **Robert is Here** ①, einem Obststand, dessen Milkshakes mittlerweise Kultstatus genießen, und wo am Wochenende die Menschen lange Schlange stehen. **Schnebly's Winery und Brewery** 1 ist eine Oase inmitten der Farmlandschaft, in der es fantastische Gerichte und vor allem exotische Weine und Biere aus der eigenen Brauerei gibt. Es werden zudem Tastings und Führungen angeboten. Allein die Anlage inmitten eines tropischen Gartens mit Wasserfall und Koi-Teich ist einen Besuch wert.

Ü ÜBRIGENS

Die Redlands liegen quasi auf dem Weg von Miami auf die Keys. Denken Sie daran, der Weg ist das Ziel – nehmen Sie sich Zeit, an vielen Orten Halt zu machen: Es lohnt sich!

Hier wächst die Leberwurst am Baum

Vor kaum mehr als 100 Jahren gelang es einem frühen Pionier namens Alvin Lindgren einen Traktor zu bauen, mit dem er den Korallenboden für den Plantagenbau ebnen und den dschungelhaften Wildwuchs zähmen konnte. Kombiniert mit dem feuchten, subtropischen Klima und der fruchtbaren, roten Erde wächst seitdem hier so gut wie alles und vor allem Tropisches.

Im **Fruit & Spice Park** 2 lernt man den Leberwurstbaum kennen, findet den afrikanischen Baobab oder die ursprünglich aus Indien stammende Jackfrucht sowie verschiedene Sapote-Sorten. Manche schmecken wie Eigelb, andere wie Schokoladenpudding! Früchte wie Papayas, Melonen oder Avocados kann man am Straßenrand kaufen. Oder an den vollen Ständen beim **Redland Market** 3. Hier fühlt man sich beinahe auf einen Markt in Südamerika versetzt. Garküchen bereiten authentische lateinamerikanische Speisen aus El Salvador, Puerto Rico, Nicaragua, Peru, Kolumbien und natürlich Kuba zu. Auch Flohmarktstände gibt es, wo allerlei Kurioses angeboten wird.

Die Äffchen im Monkey Jungle lassen sich von ihren Gästen meist nicht aus der Ruhe bringen.

Die Affen rasen durch den Wald!

Monkey Jungle 4 ist ein Refugium für Affen, die Mehrzahl hiervon Heuler- und Kapuzineraffen. Bei einer Tour durch diesen Park ist der Mensch

Ein Stück Himmel inmitten der grünen Natur: Hier lässt es sich in den Redlands prima entspannen. Ganz besonders im Patch of Heaven Sanctuary 6 einem Zen-Garten, der dazu einlädt, die Sinne auf sich wirken zu lassen. Hier wird Mindfulness praktiziert und es gibt Yoga-Retreats. (www.patchofheavensanctuary.org)

im Käfig und die Affen laufen frei im rundherum gelegenen Dschungel.

Eine stürmische Geschichte

Wie nahezu immer in der jüngsten Entwicklung Floridas spielen die Eisenbahn, Henry Flagler und ein Hurricane tragende Rollen. So auch beim **Cauley Square Historic Village** 5, dessen bescheidene Häuschen einst Unterkünfte für die Pioniere der Eisenbahn waren.

Ein alter Eisenbahnwaggon am Eingang zeugt noch von den Zeiten des ehrgeizigen Eisenbahnbaus, als der Visionär Henry Flagler die Bahnlinie von Miami bis Key West als Privatinvestor in Auftrag gab. Es sollte sieben Jahre dauern, bis sie 1912 fertiggestellt war und über 50 Mio. $ (heute rund 1,3 Mrd.) kosten – sowie das Leben vieler Bauarbeiter, die entweder bei Arbeitsunfällen, durch tropische Krankheiten oder in Wirbelstürmen ums Leben kamen.

Cauley Village war Teilstation dieses monströsen Unterfangens und man spürt heute noch den Pioniergeist von »Old Florida«. Zwar fährt längst keine Eisenbahn mehr hier lang – die Zuglinie wurde 1936 in einem verheerenden Wirbelsturm zerstört und dann mit dem Overseas Highway ersetzt –, dafür aber kaufte eine Immigrantin aus Guatemala die damaligen Wohnhäuser auf und verschonte sie vor dem Abriss. Sie gab ihnen eine neue Funktion – nämlich als Secondhand-Boutique, Buch- und Antiquitätenladen, Galerien und Restaurants, alles inmitten üppiger Vegetation, durch die wilde Pfaue stolzieren. Der **Tea Room** ist ein idealer Frühstücksstop auf dem Weg in die Redlands oder auf die Keys mit einem wohligen Ambiente wie »bei Oma«.

Ü ÜBRIGENS

Ed Leedskalnin meißelte mit dem **Coral Castle** 7 ein Schlösschen aus Kalkstein, mitten in einem obskuren Skulpturengarten, mit nichts als einer Feile und seinen bloßen Händen – für seine große Liebe, die jedoch niemals das ihr gewidmete Kunstwerk sehen sollte. Dafür können Sie es nun besichtigen!

UM DIE ECKE

Der **Homestead Speedway** 8 ist zwar eigentlich eine Auto-Rennstrecke, wo im November ein bedeutendes NASCAR-Rennen stattfindet. Zu anderen Zeiten jedoch kann man selbst Rennfahrer spielen – und zwar im Auto und manchmal sogar mit dem Fahrrad. Im Sommer findet auch eine große Heißluftballon-Veranstaltung statt. (www.homesteadmiamispeedway.com/full-event-calendar-2)

INFOS/ÖFFNUNGSZEITEN

http://redlandtrail.com: Die Hauptattraktionen im Redland sind hier übersichtlich aufgeführt.
Achtung: Viele der genannten Sehenswürdigkeiten sind Mo und Di geschl.

FARM-TO-FORK

Robert is Here 1: 19200 SW 344 St., Homestead, T 305 246 1592, www.robertishere.com, tgl. 9–18 Uhr
Schnebly's Winery – Brewery & Restaurant 1: 30205 SW, 217 Ave., Homestead, T 305 242 1224, www.schneblywinery.com, Mo, Di 12–19, Mi, Do 12–17, Fr, Sa 11–24, So 11–20 Uhr
Fruit and Spice Park 2: 24801 SW 187 Ave., T 302 247 5727, https://redlandfruitandspice.com, tgl. 10–17 Uhr, 10 $
Redland Market Village 3: 24420 S Dixie Hwy., T 303 257 4335, https://redlandmarketvillage.com, Do, Fr 11–18, Sa, So 7–18 Uhr.

AUSSERGEWÖHNLICHE ATTRAKTIONEN

Monkey Jungle 4: 14805 SW 216th St., T 305 235 1611, www.monkeyjungle.com, Führungen/Preise s. Website.
Cauley Square Historic Village 5: 22400 Old Dixie Hwy., T 305 258 3543, www.cauleysquare.com, Di–Fr 11–17, Sa, So 10–18 Uhr, Läden und Restaurants teils abweichend.
Patch of Heaven Sanctuary 6: 21900 SW 157th Ave., T 786 719 9903, www.patchofheavensanctuary.org, Mi–So 8–17 Uhr, 25 $
Coral Castle 7: 28655 South Dixie Hwy., T 305 248 6345, https://coralcastle.com, Do–So 9–17 Uhr, 18 $
Everglades Alligator Farm 9: 40351 SW 192nd Ave., Homestead, T 305 247 2628, https://everglades.com, tgl. 9–17.30 Uhr, $ 34, Airboattour, andere Aktivitäten s. Website

---

KULINARISCHES FÜR ZWISCHENDURCH

The Tea Room: im Cauley Square Historic Village 5, T 305 258 0044, www.tearoommiami.com, Mi–Fr 11–16, Sa, So 9–17 Uhr
The Village Chalet: im Cauley Square Historic Village 5, T 305 878 1410, www.thevillagechalet.com, Mi, Do, So 12–18, Fr, Sa bis 20 Uhr, Livemusik am Abend
Redland Ranch 2: 14655 SW 232nd St., T 786 493-2805, https://redlandranch.com, Mo–Do 9–19, Fr–So 9–21 Uhr

Faltplan: Karte 6, F/G 3/4 | **Anfahrt:** mit eigenem Fahrzeug

15

Insel der Glücklichen – **Key West**

Nach Key West fährt, wer wirklich weg von allem sein möchte. Die Insel, die näher an Kuba liegt als an Miami, war schon immer ein Sammelbecken für Aussteiger und Exzentriker, für Dichter und Träumer. Hierher kam man, um so zu sein, wie man sein wollte, und das gilt bis heute. Key West steht für Offenheit und Toleranz.

Die Insel am äußersten Ende Nordamerikas ist ein verträumtes Fleckchen Erde, wo alle Regeln aufgehoben sind und man nach Herzenslust die Seele baumeln lassen kann. Schon die Hinfahrt versetzt einen in ein gänzlich anderes Zeitmaß.

Fast 200 km lang schnürt der Highway 1 die Florida Keys, die Koralleninseln, die wie ein langer Schwanz vom Ende der USA baumeln, zusammen. Man schwebt über das türkisblaue Wasser und

Abends in der Duval Street. Nicht einzelne Sehenswürdigkeiten, sondern die gesamte Lebensatmosphäre machen den Reiz des Ortes Key West aus.

gerät in einen beinahe hypnotischen Zustand. So ist man meist schon bester Laune, wenn man sich dann in Key West unter Palmen wiederfindet, und ist bereit dazu, das Einzige zu tun, was man hier tun kann: sich durch den Tag treiben lassen.

Ein Ort, der niemals schläft

Die Insel Key West ist klein, gerade einmal 5 km lang, und die rund um den Hafen liegende Altstadt des gleichnamigen Hauptorts nicht einmal halb so groß. Alles lässt sich leicht zu Fuß erkunden oder, besser noch, indem man sich einen Beachcruiser leiht und gemütlich durch die Gassen pedaliert.

Erstes Ziel ist die **Duval Street,** die Hauptstraße, die sich quer über die Insel zieht. Zum Hafen hin ist sie dicht gesäumt von Boutiquen und Shops, Cafés und Kneipen, u. a. der berühmten **Sloppy Joe's Bar** 1. Hier spürt man bereits, dass die Uhren in Key West anders ticken als anderswo: Die Kneipen haben fast immer geöffnet – Tag und Nacht gehen in der 25 000-Einwohner-Stadt ineinander über. Für eine Stärkung können Sie **Cuban Coffee** 1 ansteuern und im kleinen Innenhof einen original kubanischen Kaffee mit kubanischem Gebäck zu sich nehmen. Eine Alternative ist ein wenig abseits der Hauptstraße im **Bahamian Village** zu finden, dem alten Viertel der bahamianischen Einwanderer nach Key West. Dort können Sie im Innenhof des **Blue Heaven** 2 zu Livemusik brunchen.

Der alte Mann und sein Haus

Was auch immer Sie in Key West unternehmen, früher oder später werden Sie ihm begegnen: Ernest Hemingway. Warum also nicht als Erstes sein Haus aufsuchen? Das heutige **Ernest Hemingway Home & Museum** 1 liegt nur wenige Schritte vom Blue Heaven entfernt. Zweimal lebte Hemingway längere Zeit auf Key West, das ihm vom Schriftstellerkollegen John Dos Passos empfohlen worden war: von 1928 bis 1937 mit seiner zweiten Frau Pauline Pfeiffer und von 1955 bis 1956 mit seiner vierten Frau Mary Welsh. Neben dem Schreiben war u. a. das Hochseefischen Hemingways große Leidenschaft. Erfolgreiche und weniger erfolgreiche Angeltouren begoss er ausgiebig in Sloppy Joe's Bar, wo er sich auch gern dem Würfelspiel hingab. Ein Besuch des 1851 im spanischen Kolonialstil errichteten Hauses in der Whitehead

Ü
ÜBRIGENS

Aus Protest gegen eine neue Kontrollstelle der Grenzbehörden am Hwy. 1 rief Key West am 23. April 1982 die Conch Republic (*conch* = Muschel) aus. Die Kontrollstelle verschwand, der Zweitname blieb (http://conchrepublic.com).

Mag Hemingways Haus auch noch so sehr von der Aura des großen Schriftstellers umweht sein, die über 60 Katzen, die im Garten herumtollen oder sich drinnen auf seinem Bett räkeln, geben dem Anwesen Alltagsflair. Fast könnte man meinen, Hemingway käme gleich um die Ecke, um sich mit einem Sprung in den Pool zu erfrischen. Die verspielten Vierbeiner sollen allesamt Nachfahren von Hemingways Katze Snowball sein.

Ü
ÜBRIGENS

Das Strandleben ist nicht die Hauptattraktion in Key West, man verbringt die Tage eher im Ort und am Hafen. Wer dennoch ans türkisblaue Wasser möchte, fährt per Beachcruiser (Eaton Bikes, 830 Eaton St., www.eatonbikes.com) zum **Fort Zachary Historic State Park** 2. Um den Befestigungswall (1866) liegen lauschige Palmenoasen am Meer.

Street, das Pauline Pfeiffers Onkel erworben und dem jungen Paar geschenkt hatte, vermittelt vielfältige Einblicke in Hemingways Leben und Werk. Zu sehen sind Originalmobiliar und persönliche Gegenstände, u. a. Hemingways Schreibmaschine.

Des einen Pech ist des anderen Glück

Noch weiter in der Inselhistorie zurückgehen können Sie im **Key West Shipwreck Museum** 3. Über Jahrhunderte lebten die Bewohner von Key West davon, die Ladung havarierter Schiffe zu bergen. Diese waren auf das Riff aufgelaufen, das sich 240 km entlang der Keys von Miami nach Südwesten erstreckt. Das kleine Museum erzählt von Piraten und Seefahrern und dem *wrecking*. Das lukrative Geschäft kam zum Erliegen, als neue Leuchttürme die Orientierung erleichterten.

INFOS/ÖFFNUNGSZEITEN

Ernest Hemingway Home & Museum 1: 907 Whitehead St., T 305 294 1136, www.hemingwayhome.com, tgl. 9–17 Uhr, 18 $ (inkl. 30-Min.-Führung), nur Bargeld

Key West Shipwreck Museum 3: 1 Whitehead St., T 305 292 8990, www.keywestshipwreck.com, tgl. 9–17 Uhr, $ 18, Rabatt mit einem Kombiticket der Conch-Train

Florida Keys Eco-Discovery Center 4: 35 E Quay Rd., T 305 809 4750, https://floridakeys.noaa.gov/eco_discovery.html, Eintritt frei

KULINARISCHES FÜR ZWISCHENDRIN

Cuban Coffee Queen 1: 284 Margaret St., T 305 292 4747, www.cubancoffeequeen.com, tgl. 7–19 Uhr

Blue Heaven 2: 729 Thomas St., T 305 296 8666, www.blueheavenkw.com, 8 bis ca. 22.30 Uhr

NUR KEINE NACHTRUHE

Die Duval Street verwandelt sich abends in eine Partymeile. Die legendärste Kneipe ist neben **Sloppy Joe's Bar** 1 **The Bull and Whistle** 2 (Ecke Caroline St.). Beliebt sind auch **Green Parrot Bar** 3 (601 Whitehead St.), **Alonzo's Oyster Bar** 4 (700 Front St.) und **The Porch** 5 (429 Caroline St.). Schön zum Sonnenuntergang ist die Bar **Sunset Pier** 6. Trinken Sie ein paar Cocktails und genießen Sie die tropische Nacht.

ÜBERNACHTEN

Klein & charmant – In Key West übernachtet man besonders schön in einem der vielen historischen B & Bs.: https://keywestinns.com/inns oder, für gehobene Ansprüche, www.kimptonkeywest.com.

Cityplan: Karte 6, A 8 | **Bus:** www.gobuses.com, www.greyhound.com

Der Sunset Pier trägt seinen Namen völlig zu recht. Wenn die Sonne ihre schönsten Farbnuancen aufbietet, ist in der Sun Pier Bar die Zeit der Cocktails gekommen.

Auf andere Weise als das Shipwreck Museum beleuchtet das **Florida Keys Eco-Discovery Center** 4 die Meereswelten um Key West. Hier können Sie die Unterwasserflora und -fauna und das Ökosystem der Korallenriffe kennenlernen, ohne selbst nass zu werden. Ein wichtiges Thema ist die Bedrohung dieses kostbaren Systems durch Verschmutzung, Klimawandel und Unwetter.

Alles dreht sich um die Sonne

Ganz unmittelbar erleben Sie das Meer um Key West auf einer Schnorcheltour. Zahlreiche Anbieter am Hafen veranstalten Segeltörns zum Korallenriff, das etwa 5 km vor der Insel liegt. Sie bekommen Gelegenheit, die bunte, reichhaltige Unterwasserwelt mit Stachelrochen, Delfinen und zuweilen auch Haien zu erkunden.

Beliebt sind auch romantische Segeltörns zum Sonnenuntergang. Bucht man diese Tour, verpasst man allerdings den schönsten Augenblick des Tages auf der Insel: wenn am Mallory Square im Hafen Musiker und Schausteller zusammenkommen, um den *sunset* zu zelebrieren. Es ist ein magischer, beinahe spiritueller Augenblick, in dem der freie Geist der Conch-Republik zum Leben erwacht.

G
GAYSZENE

Key West war schon immer ein Refugium für Homo- und Transsexuelle, die sich hier frei ausdrücken konnten, lange bevor das anderswo in den USA möglich war. Beliebte Gaybars liegen in der Duval Street: **Bourbon Street Pub** 7 (Nr. 724); **801 Bourbon Bar** 8 (Nr. 801; tgl. ausgelassene Trans-Karaoke-Partys). Zu einer Open-Air-Tanzparty für Männer und Frauen geht's ins **Aqua** 9 (Nr. 711).

EINTRITTSKARTEN *in eine andere Welt …*

Neben dem Pérez Art Museum *(▶ S. 45)* *gibt es in Miami reichlich andere Museen, hier einige meiner persönlichen Favoriten:*

UND JETZT ENTSCHEIDEN SIE!

The Bass Museum of Art
Mi–Mo 10–17 Uhr, 10 $

Das Museum für zeitgenössische Kunst in Miami Beach steht im Zentrum der Art Basel und ist sehr international ausgerichtet. Es widmet sich auch der Architektur der Gegenwart und zeitgenössischem Design.
Karte 2, C 1, http://thebass.org

JA NEIN

Superblue Miami
Mo–Do 11–19, Fr, Sa 10–20, So 10–19 Uhr 36 $

Lassen Sie sich in ein digitales Kunst-Labyrinth fallen, das garantiert mit Ihren Sinnen spielt. Ein immersives Kunsterlebnis vom Feinsten!
B 2, www.superblue.com/Miami

JA NEIN

Museum of Contemporary Art North Miami (MoCa)
Mi 12–19, Do–So 10–17 Uhr, 10 $

Das MoCa hat sich einen Namen gemacht für oftmals provozierende, innovative Kunstformen und Installationen. Es beherbergt rund 500 Ausstellungsstücke, u. a. von Pablo Cano, Teresita Fernández, Keith Haring.
Karte 4, D 2, www.mocanomi.org

JA NEIN

Patricia & Phillip Frost Art Museum
Di–So 11–17 Uhr, Eintritt frei

Ein besonderes Anliegen des 1977 gegründeten Museums ist der interdisziplinäre und interkulturelle Zugang zur Kunst. Sehr breit gefächerte Sammlung: u. a. afrikanische und karibische Kunst, Fotografie, Grafik.
Karte 6, G 3, http://thefrost.fiu.edu

JA NEIN

The Paradox Museum
Mo–Do 12–18, Fr 12–19, Sa 11–20, So 11–18 Uhr, 26 $

Dieses Museum stellt alles auf den Kopf und in Frage – es ist also sozusagen das Anti-Museum! Höchst innovativ, interaktiv, experimentell und unterhaltsam – vor allem zusammen in einer Gruppe.

E 1, www.paradoxmuseummiami.com

JA NEIN

American Museum of the Cuban Diaspora
Mi–Sa 12–18, So 12–16 Uhr, 12 $

Ausstellungsort für kubanische Künstler, die entweder außerhalb von Kuba geboren wurden oder aus Kuba vertrieben wurden. Miamis enge Verbundenheit mit Kuba bekommt hier ein künstlerisches Sprachrohr.

Karte 4, D 6, https://thecuban.org

JA NEIN

World Erotic Art Museum (WEAM)
tgl. 11–18 Uhr, 25 $

2005 gegründetes Privatmuseum im Herzen von Miami Beach, das sich erotischen Darstellungen widmet – von 300 v. Chr. bis in die Gegenwart; rund 4000 Werke, u. a. von Rembrandt und Andy Warhol.

Karte 2, C 3, http://weam.com

JA NEIN

Haitian Heritage Museum (HHM)
Di–Fr 10–17 Uhr, 10 $

Kleines Museum im Design District, das die haitianische Kultur und Tradition und ihre Bedeutung für Miami würdigt. Es versteht sich auch als Kulturzentrum.

Karte 4, D 4, www.haitianheritagemuseum.org

JA NEIN

Lowe Art Museum
Mi–Sa 10–16 Uhr, Eintritt frei

Das Kunstmuseum der University of Miami in Coral Gables beherbergt eine beachtliche Sammlung: Werke von der italienischen Renaissance bis hin zu Andy Warhol und Jackson Pollack. Es ist Miamis ältestes Museum.

Karte 4, B 7, www.lowe.miami.edu

JA NEIN

Miamis Museumslandschaft

Die Museumslandschaft von Miami ist im Zuge des Kulturbooms der Stadt in den letzten 20 Jahren regelrecht explodiert. Noch in den 80ern war Miami kulturelle Provinz, heute hat die Metropole Einrichtungen aufzuweisen, die sie auf die kulturelle Weltkarte gesetzt haben. Der Schwerpunkt liegt im Kunstbereich. Hier bietet die Stadt gleich eine ganz Phalanx von erstrangigen Museen, vom **Pérez Art Museum Miami** (► S. 44) über das **Patricia & Phillip Frost Art Museum** (► S. 78) bis hin zum **Institute of Contemporary Art** (► S. 37) und dem **Bass Museum** (► S. 78). Ergänzt werden sie durch beeindruckende Privatsammlungen wie **The Wolfsonian-FIU** (► S. 23) oder die **Rubell Family Collection** (► S. 41) und **The Margulies Collection at the Warehouse** (► S. 41) in Wynwood. Mit Recht bezeichnet sich der gesamte **Wynwood District** (► S. 39) als größtes **Freiluftmuseum für Streetart** der Welt.
Doch der Reichtum hört nicht bei der Kunst auf. Das **Phillip and Patricia Frost Museum of Science** (► S. 44) zählt zu den weltweit modernsten Wissenschaftsmuseen. Hinzu kommen spannende historische Museen, wie das **HistoryMiami** (► S. 46) oder kleinere lokale Museen wie das **Coral Gables Museum** (► S. 62).

MUSEEN MIT FREIEM EINTRITT

Viele Museen gewähren an bestimmten Tagen kostenlosen Einlass, z. B. das Pérez Art Museum an jedem 2. Sa des Monats, das Bass Museum am letzten Sonntag im Monat oder das Wolfsonian freitags von 18 bis 21 Uhr.
Weitere Infos: http://miamionthecheap.com/free-museum-days.

Guckloch in eine sonst nur Tauchern zugängliche Welt im Frost Museum of Science

Kunst der Erinnerung – Skulpturen

Mit welchen Denkmälern und Kunstwerken eine Stadt ihre öffentlichen Räume bestückt, sagt viel über ihr Selbstverständnis aus. Die hochmoderne, konsumorientierte Metropole Miami erinnert mit ihren Monumenten an dunkle Kapitel der Geschichte, ebenso wie an starke Frauen, die prägend für die Stadthistorie waren.

Retterin der Art-déco-Bauten
Barbara Baer Capitman Memorial Karte 2, C 3

Im Lummus Park wird seit 2016 mit einer Büste Barbara Baer Capitmans (1920–90) gedacht, der Gründerin der Miami Design Preservation League. Ihr ist wie niemandem sonst die Sanierung und Wiedergeburt von South Beach Ende der 1970er-Jahre zu verdanken. Das Denkmal basiert auf einer Skulptur, die Capitmans Mutter, die Künstlerin Myrtle Bachrach Baer, von ihrer Tochter anfertigte, als diese gerade einmal 19 Jahre alt war.

South Beach, Lummus Park, Ocean Drive/Ecke 13th St., www.mdpl.org

Zukunftsorientiert
Miami Krypto-Bulle

E 5

Miami hat die Währung der Zukunft – Krypto – willkommen geheißen, auch wenn viele andere Orte darin kein Potenzial sehen. Der »Miami Bull« glänzt in kraftstrotzender Pose und sprüht geradezu vor Optimismus. Es ist das moderne Pendant zum »Charging Bull« an der New Yorker Wall Street.

Miami Dade College Downtown, 300 NE 2nd Ave.

Designer-Architekt im XXL-Format
Le-Corbusier-Skulptur

Karte 4, D 4

Der Palm Court ist das Herz des Design District. Im Zentrum des Platzes erinnert eine überlebensgroße Büste an den großen Meisterdesigner und Architekten der Moderne Le Corbusier. Sie wurde von dem französischen Bildhauer Xavier Veilhan geschaffen und 2014 gegenüber dem Fly's Eye Dome von Buckminster Fuller (► S. 37) aufgestellt.

Downtown Miami, Design District, Palm Court

Innehalten unweit der Partystrände
Holocaust Memorial Miami Beach

Karte 2, B 1

Als Mitte der 1980er-Jahre die Greater Miami Jewish Federation ein Holocaust-Denkmal in Miami Beach vorschlug, war der Aufschrei groß. Miami Beach sollte ein Ort der Leichtigkeit bleiben. Das beeindruckende Mahnmal »The Sculpture of Love and Anguish« (1990) von Kenneth Treister wurde trotzdem errichtet. Es steht für die Opfer des Holocaust und für die Holocaust-Überlebenden, die sich in Miami Beach und im übrigen Südflorida in besonders großer Zahl ansiedelten.

Miami Beach, 1933–1945 Meridian Ave./Dade Blvd., T 305 538 1663, www.holocaustmmb.org, tgl. 9 Uhr bis Sonnenuntergang

Werbung mit Orangenblüte
Julia-Tuttle-Statue F 6

Ende des 19. Jh. überzeugte Julia D. Tuttle Henry M. Flagler von der Idee, die Eisenbahnstrecke bis Miami fortzuführen: Nachdem ein Frosteinbruch die Orangenernte in Nordflorida zerstört hatte, schickte sie ihm eine Orangenblüte zum Beweis, dass es in Südflorida deutlich wärmer war. Die Statue im Bayfront Park zeigt Julia Tuttle deshalb mit einer solchen Blüte in der Hand.

Downtown Miami, Bayfront Park Path

Miami für alle Wasser-Fälle

Von den Stränden in Miami Beach auf das türkisblaue Wasser der Bucht von Biscayne zu schauen oder von Coconut Grove aus abends die glühende Sonne im Atlantik versinken zu sehen, ist herrlich. Doch noch viel intensiver erleben Sie die Wasserstadt Miami, wenn Sie sich selbst aufs Meer hinauswagen.

Auf die bequeme Tour

Bootsrundfahrten

Miami und Miami Beach stehen als Wohnorte bei Floridas Superreichen hoch im Kurs. Auf der Rundfahrt »Millionaire's Row Cruise« des Veranstalters **Island Queen Cruises** kann man die Villen der Reichen und Schönen vom Wasser aus bestaunen. Weitere Angebote sind die »Skyline Cruise« rund um die Downtown von Miami und die romantische »Sunset Cruise«.

Island Queen Cruises, 401 Biscayne Blvd., T 305 379 5119, www.islandqueencruises.com, 90-minütige Rundfahrt 30 $

Einmal übers Wasser brettern

Jetski 🕮 Karte 2, A 5

Machen Sie doch mal eine City-Tour per Jetski: Schließlich gibt es nicht viele Orte auf der Welt, wo man eine Stadt besser von der Wasser- als der Landseite erkundet. 30-, 60- und 90-minütige Touren bietet **Jet-Ski-Tours of Miami.**

Miami Beach, 520 West Ave./Bentley Bay Marina, T 305 538 7547. Alternativ lassen sich Jetskis entlang des Strands bei den Boucher Brothers mieten.

K KARIBIK

Der Hafen von Miami ist der beliebteste Ausgangspunkt für Kreuzfahrten durch die Karibik. Es empfiehlt sich allerdings, schon von zu Hause aus zu buchen. Das ist in der Regel deutlich günstiger als vor Ort bei amerikanischen Anbietern.

Mit dem Wind

Segeln und Katamarantour

Mit dem Wind im Segel einen Tag gemütlich auf dem Wasser zu verbringen, ist das ultimative Urlaubsfeeling. Einen privaten Segeltörn mit Skipper und Verkostung kann man bei **Captain Luis Nino** oder eine »Sunset Cruise Castaway the Day Tour« auf einem Katamaran mit Drinks und Musik bei **Tropical Sailing** buchen.

Luis Nino: 🕮 Karte 3, B 3, Coconut Grove, 3400 Pan American Drive Pier 4-49, T 305 323 0783, www.sailingbiscaynebay.com; **Tropical Sailing:** 🕮 F 5, 401 Biscayne Blvd., https://tropicalsailing.com/miami/sunset-cruise

The Need for Speed

Speedboat-Tour

Eine Spritztour mit dem »Thriller«-Speedboat ist ein bisschen wie »Miami Vice«. Nicht nur heizt der Kapitän mit bis zu 35 Knoten über das Wasser (ja, man wird nass!), diese Tour kombiniert den Thrill auch mit Sightseeing rund um die Häuser der »Rich & Famous« auf den verschiedenen Inseln. Fahrten dauern zwischen 60 und 90 Minuten (dann mit Stiltsville!) und legen ab Bayside ab.

www.thrillermiami.com, Touren finden tgl. im Stundenrhythmus statt

Spektakuläre Unterwasserwelt

Schnorcheln und Tauchen

Noch faszinierender als die Welt auf dem Wasser rund um Miami ist die bunte und vielfältige Welt unter der Wasseroberfläche. Miami Beach und die Keys sind eigentlich Koralleninseln. Ihre Fauna und Flora sind so artenreich wie kaum irgendwo sonst in Nordamerika. Kein Wunder also, dass Miami zu den

Top-Revieren für Taucher und Schnorchler aus der ganzen Welt zählt. Der Seeraum südlich von Miami Beach bis hin zu den Keys steht als **Key Biscayne National Park** komplett unter Naturschutz und ist entsprechend ein Refugium für alle möglichen Wassertiere von Großen Tümmlern über Seekühe bis hin zu Krebsen.

Besonders abenteuerlich ist das Tauchen und Schnorcheln rund um künstliche Riffe und Schiffswracks wie das Jose Cuervo Reef oder die »Sheri Lyn«. Eine der großen Attraktionen für Taucher ist im Biscayne National Park der Maritime Heritage Trail (► S. 65). Ein besonderes Taucherlebnis bietet der Unterwasser-Friedhof am **Neptune Memorial Reef.** Es ist derzeit der einzige Ort der Welt, an dem man seine Asche unter Wasser beerdigen lassen kann. Hier taucht man also durch ein kunstvoll angelegtes Mausoleum, quasi das lang gesuchte »Atlantis«.

In Miami Beach veranstaltet das **Tarpoon Lagoon Diving Center** Schnorchel- und Tauchexpeditionen, die einen halben oder einen ganzen Tag dauern. Mit dem Boot geht es zum Emerald Reef, dem Rainbow Reef und zum versunkenen Schiff »Half Moon«.

Tarpoon Lagoon Diving Center: 🕮 Karte 2, B 5, 300 Alton Rd., T 305 532 1445, www.tarpoondivecenter.com, Tauchexkursion ab 225 $; weitere Anbieter: Divers Paradise of Key Biscayne, www.kbdivers.com; Grove Scuba (Padi), www.grovescuba.com

Ganz in Ruhe unterwegs sein
Stand-up-Paddling
► S. 85

Marina-Liebe
Atmosphäre schnuppern
Die zahlreichen Marinas im Stadtgebiet, in denen millionenschwere Luxusyachten ebenso wie kleine Sport- und Segelboote vor Anker liegen, sind für sich schon Attraktionen. Die meisten haben kleine Bars und Lokale, in denen sich gerne die Skipper nach einer Ausfahrt auf ein Bier treffen, z. B. im **Monty's** in South Beach.

300 Alton Rd., und in Coconut Grove, 2550 S Bayshore Dr.

Auch mit der Angelrute lässt sich das Meer erforschen – Fischessen bei Sonnenuntergang nicht ausgeschlossen.

Treffpunkt Hobie Beach
Windsurfen
Windsurfer lieben die Gewässer von Miami. Besonders am Hobie Beach am Anfang von Key Biscayne trifft sich die Szene, hier stehen die Winde oft sehr günstig. Ausrüstung und Kurse gibt es bei **Miami Water Sports.**

Miami Water Sports, 🕮 Karte 4, D 6, 1 Rickenbacker Cwy., T 305 345 4104, www.miamiwatersports.com, Windsurfkurs 95 $, Ausrüstung ab 50 $/Std.

Up in the Air
Kitesurfing
Dieser Sport wird immer populärer und hat auch in Miami eine stets wachsende Gemeinde. Anders als beim Windsurfen sind nur bestimmte Strandabschnitte zum Kitesurfen erlaubt (in South Beach lediglich oberhalb der 21. Straße). Eine der beliebtesten Orte ist Crandon Park auf Key Biscayne. Locals kiten im Matheson Hammock Park in Coral Gables. Die beste Zeit ist zwischen Oktober und Mai. Überall gibt es Pop-up-Kiteschulen, die Kurse und Ausrüstung anbieten.

www.miamikiteboarding.com

Pause. Einfach mal abschalten

II

Vom Strand zum Dinner, vom Dinner in den Club und zwischendurch zum Shopping in die Mega-Malls – Miami kann einen ganz schön schaffen. Doch in der lebhaften Metropole gibt es auch Oasen der Ruhe. Hier können Sie abschalten, runterkommen, zu sich selbst finden.

Einsame Insel

Boca Chita Key 🗺 Karte 6, H 4

Haben Sie schon einmal davon geträumt, wie Robinson Crusoe allein auf einer einsamen Insel in völliger Abgeschiedenheit von der Welt zu leben? Im Biscayne National Park südlich von Miami können Sie sich diesen Traum erfüllen. Sie packen ein Zelt und Proviant in Ihr Kajak, paddeln über die Bucht und legen an der winzigen Boca Chita Key an. Dort schlagen Sie auf dem zugegebenermaßen etwas primitiven Campingplatz Ihr Zelt auf oder legen sich einfach so an den Strand, machen ein Lagerfeuer und genießen die tropische Nacht.

Kajakmiete und Informationen: Büro des Biscayne National Park, ca. 16 km östlich von Homestead, 9700 SW 328th St., T 786 335 3612, www.nps.gov/bisc/planyourvisit/camping.htm, Campinggebühr 15 $

Pausemachen in der Front Row – manches B&B hat vorgesorgt und schon Stühle für Sie auf die Veranda gestellt.

Kaffee und Karma

Brewing Buddha Cafe

🗺 Karte 4, südwestlich A 8

Der Name des Brewing Buddha Cafe in South Miami ist Programm. Schon wenn man durch die Tür des gemütlichen kleinen Cafés tritt, verfällt man in eine meditative Stimmung. Die Wände des hellen Raums sind mit Efeu bewachsen – man fühlt sich wie in einem Zaubergarten. Das hyperentspannte, freundliche Personal und die vielen kreativen Tee- und Kaffeesorten laden dazu ein, mehr als eine Tasse lang zu verweilen und in einem der gemütlichen Sessel den Tag an sich vorüberziehen zu lassen.

South Miami, 8219 SW 124th St., T 786 842 3342, www.brewingbuddha.com, Mo–Sa 8–16 Uhr

Am Ende der Welt

Lighthouse Cafe im Bill Baggs Cape Florida State Park 🗺 Karte 4, E 8

Am Leuchtturm, der am äußersten Ende von Key Biscayne aufragt, fühlt man sich ein wenig wie am Ende der Welt. Der Strand rundherum ist zumeist leer, der Wind streicht über das Dünengras und vor einem liegt nur der offene Atlantik. Wer eine Pause braucht von der Szene in Miami Beach, ist hier bestens aufgehoben und kann bei einem langen Dünenspaziergang zum Sonnentergang entspannen. Der Leuchtturm ist Teil des Bill Baggs

In Miami könnte man 24 Stunden nonstop unterwegs sein. Aber zwischendurch aufzutanken, tut gut. In diesem Sinne: Lassen Sie sich mal so richtig hängen …

State Park, weshalb man Eintritt bezahlen muss. Das garantiert aber auch, dass man hier nicht mit Massen von Menschen rechnen muss. Lassen Sie den Tag am besten mit einem Drink oder einem Dinner im Lighthouse Cafe ausklingen

Key Biscayne, 1200 S Crandon Blvd., T 305 361 5811, www.floridastateparks.org/park/Cape-Florida, Eintritt 8 € pro Fahrzeug, 2 $ für Fahrräder; Lighthouse Cafe ► S. 52

Raus aufs Meer

Stand-up-Paddling in der Biscayne Bay 🕮 Karte 4, B 8

Am einfachsten können Sie dem Lärm, der Hektik und dem Verkehr von Miami entkommen, wenn Sie sich hinaus aufs Wasser begeben. Mieten Sie sich ein Stand-up-Paddleboard (alternativ ein Kajak) und stechen Sie in See. Schon nach wenigen Minuten werden Sie spüren, wie in Ihnen der vollkommene Friede aufsteigt. Die ruhige Bucht von Biscayne, in der sich insbesondere in den Morgenstunden eine spiegelklare, tiefblaue Oberfläche bildet, ist der perfekte Ort für heilsame Einsamkeit. Sie werden bald nur noch den eigenen Paddelschlag hören, während Sie auf die weit entfernten Glastürme von Miami Beach und auf den offenen Atlantik schauen. Und wenn Sie Glück haben, begleitet Sie ein Delfin bei Ihrem Abenteuer.

PADL (www.padl.co) bietet an verschiedenen Orten SUPs zum Ausleihen per Kreditkarte an, etwa im Peacock Park in Coconut Grove, Virginia Key in Key Biscayne oder im Pine Tree Park in Miami Beach.

Strecken und durchatmen

Yoga am Strand oder im Park

Es ist nicht leicht, in Miami die innere Balance zu behalten, egal, ob man hier lebt oder nur vorübergehend weilt. Das hat eine Gruppe von Yoga-Lehrern in der Stadt schon vor längerer Zeit erkannt und Abhilfe geschaffen: Täglich gibt es an verschiedenen Stränden kostenlose Yoga-Stunden, um sich zu strecken und den Geist wieder mit dem Körper zu vereinen. Gehen Sie einfach mit Matte oder Handtuch bewaffnet morgens um 7 Uhr oder nachmittags um 17 Uhr (in den Wintermonaten 18 Uhr) zum **3rd Street Lifeguard Tower** (🕮 Karte 2, C 5) in South Beach; alternativ in den **Bayfront Park** in Downtown (🕮 F 5/6; Mo und Mi um 18 Uhr, in den Sommermonaten um 17 Uhr) oder in den **Peacock Park** in Coconut Grove (🕮 Karte 4, C 7; Di oder Do um 18 Uhr).

www.miamiandbeaches.com/things-to-do/spa-wellness/free-yoga-in-miami

Ab ins Traumland

In gewisser Weise dreht sich in Miami und besonders in Miami Beach alles um Hotels. Miami wurde sogar rund um Hotels gegründet: Es entstand als vornehmer Urlaubsort für Wohlhabende, die den rauen Wintern des Nordostens entfliehen wollten. Davon künden heute noch die opulenten Grandhotels der 1920er-Jahre wie das Biltmore in Coral Gables und die schicken Art-déco-Hotels, denen South Beach sein architektonisches Gesicht und seinen Weltruf verdankt. Längst haben sie Konkurrenz bekommen. Kaum irgendwo sonst gibt es eine derart große Dichte an originellen Boutique- und Designhotels wie in Miami und Miami Beach.

In beiden Städten spielt sich nahezu das gesamte gesellschaftliche Leben in Hotels ab. So besucht man die Rooftop-Bars der Hotels in Downtown zum Cocktail und auch die vornehmsten Restaurants gehören zu Hotels. An den Hotelpools von South Beach steigen die heißesten Partys. Zudem fungieren die Hotels nicht selten als Ausstellungsräume für Kunst.

Natürlich sind die Luxushotels in Miami Beach und Downtown mit 250–400 $ pro Nacht nicht billig. Es gibt aber preiswertere Alternativen: kleine Hostels, charaktervolle Bed and Breakfasts oder Hotels etwas abseits von Downtown bzw. Miami Beach. Coral Gables und Coconut Grove bieten Hotels in Wohngegenden, während die Hotels um den Flughafen oder in Doral meist für reine Business-Zwecke genutzt werden.

Ruhekissen für einen bunten Aufenthalt in Miami

ZUM SELBST ENTDECKEN

Vermietungsplattformen wie **Airbnb** (www.airbnb.de) sind auch für Aufenthalte in Miami überaus beliebt. In Miami Beach jedoch ist Airbnb nicht erlaubt.

Wer nachhaltig übernachten möchte, sollte darauf achten, dass das Hotel ein Rating der Umweltbehörde des Staates Florida besitzt. Unterkünfte, die als **Florida Green Lodging** angemeldet sind, erfüllen hohe Standards, was die Energieeffizienz und Wassernutzung sowie die Verwendung nachhaltiger Baumaterialien angeht (http://floridadep.gov/osi/green-lodging).

PREISE

So viel kostet in etwa ein Hotelzimmer für 1–2 Pers., ohne Frühstück, plus Hotelsteuer von 13 % und Resort Fee:

€ unter 140 Euro
€€ 140 bis 280 Euro
€€€ über 280 Euro

Down to Earth
The Palms Hotel Karte 4, F 4
Eine grüne Oase inmitten von Miami (Mid) Beach: Dieses familiengeführte Hotel ist im Einklang mit der Natur. Wellness und Nachhaltigkeit werden hier großgeschrieben, etwa im Aveda Spa, im lauschigen Gartenbereich oder auch im vorzüglichen Restaurant.
Miami Beach, 3025 Collins Ave., T 305 534 0505, www.thepalmshotel.com, | €€

Familiäres Refugium in einer Villa
Bars B & B South Beach
Karte 2, B 4
Das Bars ist ein kleines Paradies mit sehr persönlicher Atmosphäre. Jedes der acht (teils nicht besonders großen Zimmer) bietet vollen Luxus und Komfort. Umgeben ist das Haus von einem japanischen Garten. Es gibt eine Cocktailstunde mit Wein und Käse und das Personal ist bei der Organisation von Ausflügen und Unternehmungen gern behilflich. In der Nähe befindet sich ein Fahrradverleih.
South Beach, 711 Lenox Ave., T 305 534 3010, www.barshotel.com | €

Strandhotel mit Charme
Circa 39 Karte 4, F 4
Boutiquehotel in Strandnähe, gestaltet in einem ausgefallenen Stilmix mit 70er-Jahre-Touch. Mit eigenem Pool, der beliebten »Wunderbar« und einem erstklassigen Restaurant im Haus. Ganz in der Nähe hält der Miami Beach Trolley (kostenlos), der nach South Beach fährt.
Mid-Beach, 3900 Collins Ave., T 305 538 4900, www.circa39.com | €

Eco-Luxus vom Feinsten
1 Hotel Karte 2, D 1
Diesem Hotel ist der Spagat zwischen Nachhaltigkeit und Luxus perfekt geglückt. Es wurde tatsächlich an alle Kleinigkeiten gedacht, sogar die Kleiderbügel sind aus recycelten (Liebes-)Briefen, als Zimmerschlüssel dienen umweltfreundliche Holzjetons. Traumhaft ist der Rooftop Pool, wo auch das erstklassige Restaurant WatR zu Sushi einlädt.
South Beach, 2341 Collins Ave., T 305 604 1000, Reservierung unter T 833 625 3111, www.1hotels.com | €€€

Terrassenbar und Panoramablick
Epic Hotel F 6
Designerhotel mit 54 Stockwerken an der Mündung des Miami River in die Bay, mit Dachterrassenpool auf der 16. Etage und Panoramablicken über die Bucht und auf die Skyline. Zahlreiche Sport- und Wellnessangebote bis hin zu Yoga- und Meditationsgruppen. Jedes Zimmer verfügt über Balkon.
Downtown Miami, 270 Biscayne Blvd. Way, T 305 424 5226, www.epichotel.com | €€€

Hip und jung
Freehand Miami Karte 4, F 4
Coole Designerherberge mit Art-déco-Anklängen für kleines Geld in South Beach. Man hat die Wahl zwischen privaten und Gemeinschaftszimmern, Letztere im aufgehübschten Jugendherbergsstil. Zum Hotel gehört die angesagte Broken Shaker Bar und um den Pool tobt immer eine Party. Besonders für jüngere Reisende sehr zu empfehlen.
Mid-Beach, 2727 Indian Creek Dr., T 305 531 2727, www.freehandhotels.com/miami | €

Modernes Art-déco-Schmuckstück
Lennox Miami Beach Karte 2, C 1
Dieses kleine, aber feine Lifestyle-Hotel mitten in South Beach bringt natürliche Elemente mit modernem Design zusammen, gleichwohl schimmert überall der Art-déco-Glamour durch. Per Golfcart geht es an den Strand, wo ein paar Liegestühle auf die sonnenhungrigen Gäste warten. Kleine Aufmerksamkeiten wie etwa die schicke Champagner-Maschine in der Lobby geben dem Hotel einen gewissen Pep.
Miami Beach, 1900 Collins Ave., T 305 531 6800, www.lennoxmiamibeach.com | €€

Zu Fuß zu den Museen
The Gabriel Miami F 4
Eine moderne Enklave mitten in Downtown Miami. Von hier kann man in wenigen Minuten zu vielen der Highlights laufen, etwa zum Patricia and

Phillip Frost Art Museum, zur Bayside oder auch zum Kaseya Center, um auf ein Konzert oder Basketballspiel zu gehen. Auch die deutsche Botschaft ist nicht weit. Nennenswerter Bonus ist der Shuttleservice zum Strand, wo am Schwesterhotel »Gabriel Miami Beach« Liegestühle am Strand auf einen warten.
Downtown Miami, 1100 Biscayne Blvd., T 786 577 9700, www.thegabrielmiami.com | €€€

Weltläufig und heimelig zugleich
Mayfair House Karte 3, A 3
Oase der Erholung im Herzen von Coconut Grove. Mit Gestaltungsdetails aus vielen Teilen der Welt wurde eine inspirierende Atmosphäre geschaffen. Die überdimensionalen Suiten mit eigenem Jacuzzi, die Bäder und Massage-Angebote und die Lounge auf dem Dach mit Meeresblick bieten viele Möglichkeiten zu relaxen. Beliebt ist die SipSip Bar im karibischen Stil auf dem Dach, die nach dem bahamaischen Slang für »Tratsch« benannt wurde.
Coconut Grove, 3000 Florida Ave., T 305 441 0000, www.mayfairhousemiami.com, | €€

Ordentliches Paar vor der Hochzeitssuite – Miami ist zum Heiraten beliebt.

Selbstverpflegung möglich
The Mutiny Hotel Karte 3, A 3
Das Mutiny (›Meuterei‹) ist vielleicht die günstigste Möglichkeit, in Coconut Grove direkt am Wasser zu übernachten. Die bezahlbaren Zwei-Zimmer-Suiten haben sämtlich Balkone mit Meeresblick. Zur praktischen und komfortablen Ausstattung gehört jeweils eine Küche mit allem Drum und Dran – inklusive Spülmaschine. Falls Sie die erkochten Kalorien schnell wieder loswerden wollen, können Sie rund um die Uhr den Fitnessbereich nutzen, zu dem auch eine Sauna gehört.
Coconut Grove, 2951 South Bayshore Dr., T 305 441 2100, www.mutinyhotel.com | €€

Leben wie die Locals
EAST Brickell E 7
Dieses moderne Condo-Hotel ist eine Mischung aus Wohnungen und 263 Hotelzimmern. Alle im schicken asiatischen Stil gestaltet und mit Balkon ausgestattet. Hier ist man mitten im »Hustle-and-bustle«, also dem lebendigen Getümmel, von Brickell, auf der Dachterrasse mit Pool lässt es sich herrlich chillen und das »Sugar« im Haus gehört zu den Szenerestaurants von Miami – hier trifft man sich gerne nach der Arbeit auf einen Drink.
Brickell, 788 Brickell Plaza, T 305 712 7000, www.easthotels.com/en/miami | €€€

Flughafennah und gut angebunden
Pullman Miami Airport Hotel
Karte 4, A 5
Wer ein Zimmer in der Nähe des Flughafens sucht, der ist im Pullman gut aufgehoben. Das frühere Sofitel bietet einen kostenlosen Shuttle zum Flughafen an.
5800 Blue Lagoon Dr., T 305 264 4888, www.pullmanhotels.com | €

Mitten in der kreativen Szene
Arlo Wynwood E 2
Das erste und derzeit einzige Hotel im Künstlerviertel Wynwood wurde 2021 eröffnet. Am loungigen Rooftop-Pool trifft entspannte Lässigkeit auf Inspiration. Inmitten der kreativen Szene und den coolen Cafés der Nachbarschaft,

ist dies ein Paradies für digitale (Tech-) Nomaden.
Wynwood, 2217 NW Miami Court, T 786 522 6600, https://arlohotels.com/wynwood | €€

Stay and Play
The Goodtime Hotel Karte 2, C 5
Kennen Sie das Lied »Happy« von Pharrell Williams? Hier hat der Sänger gemeinsam mit dem Gastronomen David Grutman ein Hotel geschaffen, das vor allem jüngeres Publikum anspricht. Hip, cool und happy! Die Zimmer sind klein, aber wer hält sich dort schon auf, wenn der »Pool at Strawberry Moon« mit Partys und die Dachterrasse mit tollen Events winken? Einen Beachclub gibt es auch noch!
Miami Beach, 601 Washington Ave., T 786 687 0234, www.thegoodtimehotel.com | €

Für Dichter und Denker
The Betsy Hotel Karte 2, C 3
Ein elegantes Boutiquehotel mit 130 Zimmern am (ruhigeren Teil) des Ocean Drive. In der Lobby finden häufig Lesungen oder Jazzkonzerte statt – eine Oase für die feinen Sinne am sonst oft rummeligen South Beach.
South Beach, 1440 Ocean Dr., T 844 539 2840, www.thebetsyhotel.com | €€

Miami auf die sparsame Tour
The Tropics Hotel & Hostel
Karte 2, C 2
Das günstigste Hotel im Art-déco-Distrikt, direkt gegenüber vom Strand. Es gibt Privatzimmer und hostelartige 8-Bett-Zimmer. Wem eine zweckmäßige Bleibe völlig ausreicht, der kann hier prima unterkommen und braucht dennoch nicht auf Annehmlichkeiten wie einen großen Swimmingpool zu verzichten.
South Beach, 1550 Collins Ave., T 305 531 0361, www.tropicshotel.com | €

For the wise not wealthy
Citizen M E 7; F 5
Die niederländische Hotelkette hat nicht nur ein, sondern gleich zwei Hotels in Downtown Miami eröffnet – das **Miami Brickell** (E 7) und das **Miami Worldcenter** (F 5), die kaum 2 km voneinander entfernt liegen. Für beide gilt: budget- und umweltfreundlich, hip und zugeschnitten auf technisch affine Reisende. Ein erfrischendes Konzept in der sonst eher preisintensiven Hotellandschaft.
Miami Brickell: 11 SE 10th St.; **Miami Worldcenter:** 700 NE 2nd Ave.; beide: T 305 529 3624, www.citizenm.com | €€

Sieben Etagen Leuchtkraft im Art-déco-Stil. Das Hotel Victor verbindet Gegenwart und Vergangenheit.

30er-Jahre-Eleganz
Hotel Victor Karte 2, C 3/4
Ganz schön aufgepeppt zeigt sich der Art-déco-Klassiker, seit der renommierte Designer Yabu Pushelberg sich seiner angenommen hat. Durch die Neugestaltung haben die Räume eine natürliche Eleganz erhalten, die viel Harmonie ausstrahlt. 91 tipptopp ausgestattete Luxussuiten mit Meeres- bzw. Stadtblick. Dazu gibt es einen hoteleigenen Pool und eine Brasserie.
Miami Beach, 1144 Ocean Dr., www.hotelvictorsouthbeach.com, T 305 779 8700 | €€

Miami à la carte

Miami ist in den letzten 20 Jahren erwachsen geworden. Im Fahrwasser der Art Basel ist kosmopolite Eleganz in die Stadt geweht, die eine neue Klientel anzog. Das macht sich nirgendwo so stark bemerkbar wie in der Foodszene. Heute brauchen sich die Restaurants in Miami nicht mehr vor denen in New York oder Los Angeles zu verstecken. Im Gegenteil, Miamis internationale Einflüsse reichen von Peru bis Pisa und sind, gepaart mit dem frischen Angebot von »Farm-to-Table« bzw. »Dock-to-Dish«, das ideale Rezept für eine facettenreiche kulinarische Landschaft.

Starköche aus aller Welt eröffneten Restaurants in Downtown, South Beach, Coconut Grove und Coral Gables. Die lokale Konkurrenz stellte sich dem Vergleich und hat das Niveau enorm angehoben. Dabei hat die Szene von Miami ihre eigene Identität bewahrt. Leichte, frische Kost ist dem Klima entsprechend stark gefragt. Gleichzeitig sind die lateinamerikanischen und vor allem kubanischen Einflüsse überall spürbar, ergänzt durch die Küche aus anderen Teilen Lateinamerikas. Man kann peruanisch inspirierte Haute Cuisine ebenso genießen wie einen authentischen mexikanischen Taco von einem Food Truck.

2023 wurden sogar zum ersten Mal die begehrten Micheline-Sterne verteilt und auf Anhieb zehn Restaurants mit einem und das L'Atelier de Joël Robuchon im Design District (https://latelier-miami.com) mit zwei Sternen ausgezeichnet.

Darf's ein bisschen mehr sein? Am Straßenverkaufsfenster eines Cafecito in Little Havana unbedingt.

ZUM SELBST ENTDECKEN

Bei den **Miami Culinary Tours** (▶ S. 113) hört man Anekdoten, Hintergründe und kommt auf den Geschmack der jeweiligen Nachbarschaft.

Miami hat den Ruf, der **nördlichste Zipfel Südamerikas** zu sein. Viele Lateinamerikaner leben hier und haben kulinarische Einflüsse aus der Heimat mitgebracht. Jedes südamerikanische Land ist vertreten – von kleinen Familienbetrieben bis hin zu preisgekrönten Restaurants reicht die Bandbreite. Probieren Sie sich durch! (▶ S. 92)

PREISE

So viel kostet in etwa ein Hauptgericht:

€ unter 15 Euro
€€ 15 bis 30 Euro
€€€ über 30 Euro

Überall kommen 7–8 % Steuer und das obligatorische Trinkgeld *(tip)* von 15–20 % drauf. Letzteres wird teils automatisch auf die Rechnung aufgeschlagen.

SO BEGINNT EIN GUTER TAG IN MIAMI

Cafecito an der Calle Ocho

El Cristo Restaurant A 7

Original kubanisches Frühstück mitten in Little Havana. Günstige Frühstücksvarianten und Gerichte von der Insel in nüchterner Kantinenatmosphäre, dafür mit viel Little-Havana-Flair. Probieren Sie die Klassiker Sandwich Cubano und *Ropa vieja* (wörtlich ›alte Kleidung‹; geschmortes Rindfleisch mit Gemüse) oder das El-Cristo-Frühstück (um 11 $): Eier ›sunnyside up‹ mit Schinken oder Würstchen und zwei Pfannkuchen. Dann sind Sie mit Sicherheit für einige Stunden satt.

Little Havana, 1543 SW 8th, www.elcristorestaurant.com, T 305 643 9992, So–Do 9–22, Sa, So 9–23 Uhr | €€

Mittendrin

Greenstreet Cafe Karte 3, A 3

Alteingesessenes Café-Restaurant in Coconut Grove. Innen gemütliches Backsteinambiente mit großformatigen Schwarz-Weiß-Bildern an den Wänden, draußen eine große Terrasse mit angenehm legerer Atmosphäre – ein perfekter Ort, um zu brunchen und sich unter die Leute zu mischen.

Coconut Grove, 3468 Main Hwy., T 305 444 0244, So–Do 7.30–24, Fr, Sa bis 2 Uhr, www.greenstreetcafe.net | €€

Frisch gebacken

Zak the Baker D 1

Zak backt die besten Brote und leckersten Teilchen der Stadt. Sein Erfolg bei den Toprestaurants von Miami motivierte ihn, einen eigenen Laden zu eröffnen. Hier bekommen Sie ab 7 Uhr morgens ein ausgezeichnetes Breakfast-Sandwich, süßes Kleingebäck und starken kubanischen Kaffee. Zak erfreut sich so großen Zuspruchs, dass Sie je nach Uhrzeit erst mal Schlange stehen müssen. Das Frühstück geht nahtlos ins vitaminreiche Mittagessen über. Sonnzags 9–17 Uhr Brunch.

Wynwood, 405 NW 26th St., T 786 347 7100, www.zakthebaker.com, So–Fr 7–17 Uhr | €

VERY MIAMI: CUBAN COFFE AUS EINER VENTANITA

Quer über die Stadt verteilt und oft an Straßenecken, ähnlich einem Kiosk, findet man kleine Fenster – *ventanitas* –, wo ein starker Kaffee gebrüht und dazu ein kleines kubanisches Frühstücksgebäck gereicht wird: wahlweise süß als *dulce* oder pikant als Empanada. Halten Sie die Augen offen, wo Kaffee durchs Fenster serviert wird – dort sind Sie an der richtigen Stelle und günstig ist es auch noch (z. B. bei El Cristo, links, oder Versailles (► S. 96)

WO ESSEN AUF NACHHALTIGKEIT TRIFFT

Rein pflanzlich

Planta und Planta Queen

Karte 2 B 6 und Karte 3, A 3

Planta ist das ultimativ kreative vegane Restaurant. Gründer David Lee bringt pflanzenbasierte Gedichte auf den Tisch, die selbst eingefleischte Karnivoren überzeugen.

Planta: Miami Beach, 850 Commerce St., T 305 397 8513; Planta Queen: Coconut Grove, 3015 Grand Ave., T 786 600 2835, beide: www.plantarestaurants.com, Mo–Do 11.30–22, Fr 11.30–23, Sa 11–23, So 11–22 Uhr | €€

Bio und frisch

Michael's Genuine Food & Drink

Karte 4, D 4

Michael Schwartz' Restaurant blickt auf eine über zehnjährige Geschichte im Design District zurück. Hervorragend, ungekünstelt, saisonal – so lauten die Attribute seiner Kochkunst mit Biozutaten. Um die beste Qualtität zu sichern, ordert Michael Schwartz bei handverlesenen lokalen Farmern und Fischern. Für den exzellenten Ruf des Lokals sorgt nicht nur das Essen, sondern auch die Atmosphäre, die in besonderer Weise Menschen zusammenbringt und Nähe entstehen lässt.

Design District, 130 NE 40th St., T 305 676 0894, www.michaelsgenuine.com, Kernzeit tgl. 11.30–15.30, 17.30–22 Uhr | €€€

Lokale Zutaten

Whisk Gourmet Karte 4, B 7

Das bei den Anwohnern überaus beliebte Restaurant bringt amerikanische Klassiker wie Burger, Fried Chicken oder das Südstaatengericht Shrimp 'n' Grits auf den Tisch. Superlecker! Die Zutaten sind ökologisch produziert und stammen aus der Umgebung von Miami.

Coral Gables, 7382 SW 56th Ave., T 786 268 8350, http://whiskgourmet.com, Mo–Do 11–21, Fr, Sa 11–22, So 11–16 Uhr | €€

EINMAL QUER DURCH SÜDAMERIKA

Gruß aus Peru

Dr. Limón Karte 4, A 8

Zitrone gehört zu Ceviche wie der Speck zum Ei – die Säure der Frucht ›kocht‹ den rohen Fisch. Dr. Limón serviert mit die beste Ceviche der Stadt. Innerhalb von zehn Jahren hat er acht Filialen aufgemacht, allesamt einfach im Design und mit nachbarschaftlichem Ambiente.

Pinecrest, 9459 S Dixie Hwy., T 786 524 1080, www.doctorlimon.com, So–Do 11.30–21, Fr, Sa 11.30–22 Uhr | €€

Ü ÜBRIGENS

Das Konzept **»Farm-to-Table«** ist gut bekannt, hier kommen Obst, Gemüse und Fleisch direkt von Kleinbauern in die Küche. **»Dock-to-Dish«** ist das Äquivalent der Fischer – alles aus dem Meer landet ohne Umwege vom Fischerboot in der Pfanne. Wer noch eins drauflegen möchte, kann in manchen Restaurants sogar selbst gefangenen Fisch mitbringen und direkt in den Küchen zubereiten lassen. Diese Möglichkeit bieten besonders kleine Restaurants und Lokale auf den Keys an.

Mexiko auf die Hand

Coyo Taco D 1 und Karte 4, D 5/6

Tagsüber gibt's im Coyo Taco die leckersten Tacos von ganz Miami, schnell auf die Hand und günstig. Abends verwandelt sich das Lokal in eine Bar mit DJ und Livemusik. Filiale in Brickell.

Wynwood, 2300 NW 2nd Ave., T 305 573 8228, www.coyo-taco.com/wynwood, Mo–Sa 11–3, So 11–23 Uhr; Brickell, 1111 SW 1st Ave., T 786 773 3337, So–Do 11–23, Fr, Sa 11–2 Uhr | €

Feurig

Bolivar Karte 2, C 4

Kolumbianische Kost, bolivianisches Bier – hier gibt es Kostproben aus verschiedenen lateinamerikanischen Küchen, vor allem aber aus Ecuador, Kolumbien und Venezuela. *Cangrejo Galapagos*, *Patacones* oder *Cazuela Pacifico* sind Gerichte, für die man sonst weit reisen müsste!

Miami Beach, 841 Washington Ave., T 305 305 0801, www.bolivarmiamibeach.com, So–Do 10–24, Fr, Sa 10–2 Uhr | €€

Churrasco

Fogo de Chao Karte 2, B 6

Ein brasilianisches Steakhouse, bei dem Gauchos mit großen Spießen herumkommen und frisch gegrilltes Steak, Schweinelende, Hühnchen und sogar Lammrippchen servieren. Fleischesser kommen hier voll und ganz auf ihre Kosten, aber auch für Vegetarier gibt es ein überaus üppiges Salatbuffet.

Miami Beach, 836 1st St, T 305 672 0011, www.fogodechao.com, Kernzeit tgl. 12–22.30, So bis 21 Uhr | €€€

Ein bisschen von allem

Julia & Henry's E 6

Bei diesem originellen Foodhall-Konzept in Downtown reicht die Auswahl von Japanisch bis Kubanisch über Salat und Steak bis Smoothies und Cocktails. Übrigens: Der Name bezieht sich auf die Gründer Miamis – Julia Tuttle und Henry Flagler. Nehmen Sie den Aufzug, der fährt regelrecht durch die Fassade einer Bar!

Downtown, 200 E Flagler St, Miami, https://juliaandhenrys.com, So–Do 11–22, Fr, Sa 11–23 Uhr | €–€€€

Der Name ist Programm: Optisch sind die pinkfarbene Fassade und die davor platzierten pinken VW-Käfer die Markenzeichen bei »Big Pink« in South Beach.

INSTITUTIONEN UND SZENETREFFS

Ein Hauch Karibik mit Stern

Ariete Karte 3, A 3

Chefkoch Michael Beltran wuchs in Little Havana auf und das merkt man seinen Kreationen an. Die Gerichte in seinem Restaurant in Coconut Grove, das schnell Kultstatus erlangte, sind raffiniert und herzhaft mit französischer Note und erkennbar karibischem Touch.

Coconut Grove, 3540 Main Hwy., T 305 640 5862, https://arietecoconutgrove.com, tgl. 17.30–21.30 Uhr, | €€€

Mitternachts-Burger

Big Pink Karte 2, C 5

Im bereits 1996 eröffneten großräumigen Restaurant bekommen Feierlustige Pizza und Hamburger in feinster Qualität – sogar bis weit nach Mitternacht.

South Beach, 157 Collins Ave., T 305 531 0888, www.mylesrestaurantgroup.com, Mo–Mi 8–24, Do–Sa 8–5.30 (am Morgen!), So 8–2 Uhr | €€

Crossover

Eating House Miami Karte 4, B 6

Das Eating House hat sich in den letzten Jahren zum Hot Spot in Coral Gables gemausert. Kreative Karte mit Einflüssen aus Italien, Griechenland, der Karibik und Fernost. Rosenkohl wird z. B. mit koreanischer Barbecue-Sauce, Knoblauch und Ingwer verfeinert.

Coral Gables, 128 Giralda Ave., T 305 448 6524, www.eatinghousemiami.com, Di–Do 11.30–22, Fr, Sa 18–23, Brunch Sa, So 11–15 Uhr | €€

Gastropub

Pinch Kitchen Karte 4, D 3

Gemütlicher Pub mit klassischer amerikanischer Küche. Die jungen Chefs John Gallo und Rene Reyes haben jede Menge Energie und Enthusiasmus, um getreu ihrem Motto »Small Bites. Big Impact« Neues in Sachen ›Kleine Happen‹ auszuprobieren. Riesenauswahl an interessanten Craftbieren.

Downtown Miami, 8601 Biscayne Blvd., T 305 631 2018, www.pinchmiami.com, Di–Do 12–22, Fr, Sa 12–23, So 12–21 Uhr | €€

Urgestein in Downtown

Dolores but you can call me Lolita südl. E 7

Man kann das unter Denkmalschutz stehende zweistöckige Gebäude zwischen all den Hochhäuser nicht verfehlen. In dem ehemaligen Feuerwehrhaus feuert

Viele Verlockungen am Ocean Drive

heute der Küchenchef den Herd an. Man sitzt urgemütlich inmitten der Skyline von Brickell und genießt gutes italienisches/spanisches Essen zu moderaten Preisen.

Brickell, 1000 South Miami Ave., T 786 648 8400, www.doloreslolita.com, Kernzeit tgl. 11.30–23 Uhr | €€

EXPERIMENTIERFREUDIG UND UNGEWÖHNLICH

Hotelküche mit Auszeichnung

Sugar F 7

Der große Restauranttrend in Miami sind Hotelrestaurants, hier tummeln sich die Starköche. Besonders beliebt ist das Sugar im EAST Hotel auf der 40. Etage im Herzen von Brickell. Asiatisch angehauchte Gerichte und handgemixte Getränke an der Bali-Bar, gepaart mit den Rhythmen der DJs, ist dies ein Ort zum Sehen und Gesehen werden. Toller Blick durch die Panoramafenster auf Stadt und Bucht.

East Miami, 788 Brickell Plaza, www.east-miami.com So–Mi 16–1, Do–Sa 16–3 Uhr | €€€

Ein Augenschmaus

Barton G Karte 2, A 3

Kreative Kost zum Hingucken! Was man isst, das ist man – oder isst man es nicht? Hier steckt schon einmal ein überdimensionales Messer in den Austern oder ein flambierter Goldbarren wird zum Dessert gereicht. Es wird mit Gefühlen gespielt und alle Sinne werden stimuliert. Go-big-or-go-home heißt das Chef-Menü – garantiert isst das Auge hier mit!

Miami Beach, 1427 West Ave., T 305 672 8881, www.bartong.com/restaurants/miami-beach, So–Do 18–21.30, Fr, Sa 18–22.30 Uhr | €€€

Mittelmeer in Miami

Byblos Karte 2, C 2

Edle vorderasiatische Kost im Royal Palm Hotel in Mid Beach. Zu den Spezialitäten gehören Lammrippchen und in Joghurt gebackene Scholle. In puncto Interieur wurde auf einen farbenfrohen Mix gesetzt, in dem Sie gewiss Ihren Lieblingsplatz finden.

Miami Beach, 1545 Collins Ave., T 305 508 5041, www.byblosmiami.com, So–Do 18–22, Fr, Sa 18–24 Uhr | €€

Wie ein Fisch im Aquarium

Sexy Fish Miami E 7

Schickes Trendrestaurant, in dem sich der exzentrische Deutsch-Schwede Björn Weissgerber kulinarisch austobt. Das Ambiente: Als säße man in einer bunten Unterwasserwelt!

Flatiron, 1001 South Miami Ave., T 305 889 7888, www.sexyfishmiami.com, So–Mi 12–24, Do–Sa 12–2 Uhr | €€€

Steaks vom Feuer

Los Fuegos by Francis Mallmann Karte 4, F 4

Das extravagante Faena Hotel mit seiner futuristischen Architektur, der zugehörigen Kunstgalerie und der Lounge ist seit seiner Eröffnung die Sensation in Miami Beach. Das gilt auch für das angeschlossene Restaurant des argentinischen Starkochs Francis Mallmann. Gönnen Sie sich das beste – am offenen Feuer zubereitete – Steak der Stadt.

Miami Beach, 3201 Collins Ave., T 786 655 5600, www.faena.com/miami-beach/restaurant/los-fuegos-by-francis-mallmann, Frühstück 7–11.30, Lunch 12–16, Dinner So–Do 18.30–22.30, Fr, Sa bis 23 Uhr | €€€

Grillparty

KYU D 1

Einer der hippsten Spots im ultra-hippen Wynwood. Das Ambiente ist loftartig, industriell, mit rohen Backsteinwänden, die Atmosphäre betont lässig. Der Name KYU, eine Verkürzung des Worts ›Barbecue‹ auf die Endsilbe, ist Programm. Hier werden asiatsche und amerikanische Barbecuegerichte und -techniken zu einem einzigartigen Erlebnis gemixt.

Wynwood, 251 NW 25th St., T 786 577 0150, http://kyumiami.com, Mo–Sa 12–23.30, So 11–22.30 Uhr | €€€

Lunch am Strand

Lightkeepers Karte 4, E 8

Dinieren oder brunchen Sie in Key Biscayne direkt am Strand auf der Terrasse des Ritz Carlton. Die Küche ist leicht und modern, mit frischen Austern und Fisch von örtlichen Fischern. Samstags und sonntags Brunch.

Key Biscayne, 455 Grand Bay Dr., T 305 365 4156, www.ritzcarlton.com/en/hotels/miami/key-biscayne/dining/lightkeepers, So–Do 7–22, Fr, Sa 7–23 Uhr, die Bar ist länger auf, | €€€

Für Romantiker

NOMA Beach at Redfish

Karte 4, B 8

Versteckt im Matheson Hammock Park gelegen, ist dieses Restaurant ein echter Geheimtipp. Direkt am Wasser, mit dem Blick auf Palmen, werden alle Gerichte immer mit einer frischen Brise gereicht. Frische Meeresfrüchte, italienisch zubereitet von Chefköchin Donatella Arpaia.

Coral Gables, 9610 Old Cutler Rd., T 305 668 8788, www.noma-beach.com, Mi, Do 16–22, Fr, Sa 12–23, So 11.30–20.30 Uhr | €€€

Rooftop Dining am South Beach

WatR Karte 2, D 1

Auf dem Dachgarten des 1Hotel diniert man wortwörtlich auf hohem Niveau: Küchenchef Richard Bernaola kreiert köstliche peruanisch-japanische Gerichte mit viel Fisch – frisch aus dem Watr!

Miami Beach, 2341 Collins Ave., 18. Stock im 1Hotel, www.1hotels.com/south-beach/taste/watr-at-the-rooftop, tgl. Lunch 11–17, Dinner 18–23 Uhr, sonst kleine Karte | €€€

Mediterran

Mandolin Aegean Bistro

Karte 4, D 4

Das beste türkisch-griechische Lokal von Miami liegt lauschig versteckt in einem Hinterhof im hippen Design District. Ahmet Erkaya und Anastasia Koutsioukis zogen von New York nach Miami, um hier ihr Traumrestaurant zu eröffnen.

Design District, 4312 NE 2nd Ave., T 305 749 9140, www.mandolinmiami.com, tgl. 12–23 Uhr | €€€

Austern tanken

Mignonette F 3

Die umgewandelte alte Tankstelle im Brickell-Bezirk ist auf frische Meeresfrüchte spezialisiert und vor allem auf Austern, Austern, Austern. Täglich gibt's viele verschiedene Varianten.

Brickell, 210 NE 18th St., T 305 374 4635, www.mignonettemiami.com, So–Do 17–22, Fr, Sa 17–23 Uhr | €€

Essen unterm Wunschbaum

Vista Karte 4, D 4

Dieses zweistöckige Restaurant mit Dachgarten und großer Terrasse liegt angeschmiegt an einen riesigen hundertjährigen Feigenbaum. Frische Küche aus Florida mit lokalen Zutaten – ein Genuss für alle Sinne!

Upper Buena Vista, 5020 NE 2nd Ave., T 305 405 7547, https://vistamiamirestaurant.com, So–Do 12–22, Fr, Sa bis 23 Uhr, Rooftop Do–Sa ab 18 Uhr | €€

Art-déco-Nostalgie

Orange Blossom Karte 2, C 1

Nostalgisches Restaurant im Stil der 50er-Jahre mit gehobener, neuamerikanischer Küche, die sich internationalen Einflüssen nicht verschließt. Der Name geht übrigens auf den »Orange Blossom Special« zurück, den luxuriösen Zug, der ab 1925 New York mit Miami verband.

Miami Beach, 2000 Collins Ave., T 305 763 8983, auf Facebook, tgl. 7.30–23 Uhr | €€€

Zum Selbstaussuchen

Graziano's Market Karte 4, B 6

Eine frische Auswahl an argentinischen und italienischen Backwaren sowie

Fleisch- und Käseauswahl, die man zum Mitnehmen an der Theke bestellt. Dazu holt man sich am besten eine Flasche argentinischen Wein.

Coral Gables, 2301 Galiano St., T 305 460 0001, www.grazianosgroup.com/market-coral-gables, tgl. 7–22 Uhr | €€

Fisch wie Meer

A Fish Called Avalon Karte 2, C 4

Viele der Restaurants am Ocean Drive sind Touristenfallen. Dieses Restaurant im Art-déco-Hotel Avalon ist jedoch eine Empfehlung wert. Probieren Sie den Macadamia Crusted Snapper oder den hausgemachten Key Lime Pie, der den 1. Platz bei den National Pie Championships (ja, das gibt's!) gewonnen hat.

Miami Beach, 700 Ocean Dr., T 800 933 3306, www.avalonhotel.com/a-fish-called-avalon.htm, So–Do 18–22, Fr, Sa 18–23 Uhr | €€

Sushi mit Promis

Zuma F 6

Beliebter Treffpunkt im Epic Hotel. Genießen Sie Cocktails und ein romantisches Dinner mit Ausblick auf den Miami River in leicht unterkühlter Designeratmosphäre. Die Karte ist an moderner japanischer Küche ausgerichtet, Sushi und Sashimi stehen im Fokus. Am Wochenende trifft man sich hier zum Champagner-Brunch.

Downtown Miami, 270 Biscayne Blvd. Way, T 305 577 0277, www.zumarestaurant.com, Mo–Mi 12–15, 18–23, Do, Fr 12–15, 18–24, Sa 11.30–14 (Brunch), 18–24, So 11.30–14.30 (Brunch), 18–23 Uhr | €€€

KUBANISCHE KÜCHE

Ein Happen Havana

Havana Harry's Karte 4, B 7

Egal, an welchem Wochentag – hier ist immer jede Menge Andrang. Am besten reserviert man frühzeitig. Wohlschmeckende kubanische Gerichte wie Harry's Picadillo, Ropa Vieja oder Chicken Vaca Frita stehen hier auf der Speisekarte. Der einzige Nachteil ist, dass die üppigen Portionen kaum Platz lassen für die köstlichen Nachspeisen.

Coral Gables, 4612 S. Le Jeune Rd., T 305 661 2622, www.havanaharrys.com, Mo–Do 11–22, Fr, Sa 7–23, So 7–22 Uhr | €€

Nostalgie der 50er-Jahre

Havana 1957 Karte 2, C 3

Reisen Sie zurück in die Blütezeit Havanas im Jahr 1957! Die Retro-Einrichtung, die Musik und natürlich der Rum (120 Sorten!) laden zu einer Zeitreise und einen Sprung auf die Nachbarinsel ein. Spezialitäten des Hauses sind Pollo Havana 1957, Guava Cheesecake und natürlich *croquetas*!

Miami Beach, 405 Espaniola Way, oder 1410 Ocean Dr., im Hotel Edgewater, So–Do 9–24, Fr, Sa 9–1 Uhr | €€

Auf die Hand

El Palacio de Los Jugos

An neun verschiedenen Orten in Miami finden Sie die Filialen von El Palacio de Los Jugos. Alle sehen aus wie Fast-Food-Buden mit dem üblichen Angebot. Doch überraschenderweise bieten sie die leckersten kubanischen Köstlichkeiten der Stadt ganz frisch auf die Hand: *tamales, chicharrónes* und Zuckerrohrsaft vom Feinsten für ein paar Dollar.

Downtown: Karte 4, B 5, 5721 W Flagler St., T 305 262 0070; Little Havana: Karte 6, G 3,14300 SW 8th St., T 305 221 1616; Coral Gables: 7085 SW 24th St., T 305 269 5116; weitere Locations: www.elpalaciodelosjugos.com | €

Kuba in South Beach

Puerto Sagua Karte 2, C 4

Bereits 1968 sicherte sich Puerto Sagua seinen Platz in der Restaurantszene von South Beach. Authentische kubanische Küche, die aus jahrzehntelangen Erfahrungen schöpft. Was auch immer Sie aus der breit gefächerten Karte wählen, es wird sorgfältig zubereitet sein.

South Beach, 700 Collins Ave., T 305 673 1115, Instagram: @puerto_saguamiami, tgl. 7–23 Uhr | €€

Kitsch und Kuba-Sandwiches

Versailles Karte 4, C 5

Das Versailles ist das bei Weitem beliebteste kubanische Restaurant von Miami. Zu einem Highlight vieler

IMBISSWAGEN MIT KULTSTATUS

Chef Jeremiah stand die Welt der internationalen Spitzenküche offen. Er hatte in den besten Restaurants der USA gearbeitet, doch er wollte etwas anderes, als ein weiteres Sternerestaurant zu eröffnen. So kaufte er sich 2009 einen klassischen Airstream-Trailer von 1962 aus blank poliertem Stahl und verwandelte ihn in eine mobile Küche. Darin bereitete er inspirierte Variationen amerikanischer Klassiker wie Burger oder Pulled Pork Sandwiches und verkaufte sie vom Trailer aus. Das Konzept war ein durchschlagender Erfolg und löste einen Trend aus. Inzwischen bevölkern Hunderte von Food Trucks die Straßen von Miami. Kaum ein Top-Restaurant kann es sich noch leisten, seine Gerichte nicht von einem Lastenanhänger aus unter die Leute zu bringen. So kreuzt inzwischen in den Geschäftsbezirken von Downtown, insbesondere am Tropical Park und am Museum Park, an jedem beliebigen Wochentag eine Flotille von Schlemmertrucks auf. Entlang der Collins Avenue in Miami Beach sowie im Wynwood und im Design District hat man ebenfalls eine Riesenauswahl. Das größte Angebot gibt es jedoch beim Wynwood Art Walk (www.wynwoodartwalkblockparty.com). Der originale Trailer von Chef Jeremiah existiert nicht mehr, doch ein Nachfolger in einem alten Bullet-Trailer steht heute in South Beach an der Ecke Washington Avenue und 11th Street. Wer wissen will, welche Trucks an einem bestimmten Tag wo stehen, findet Infos unter: http://roaminghunger.com/food-trucks/fl/miami.

einheimischer Familien hat sich der Brunch am Wochenende entwickelt. Teil des Erlebnisses ist das kitschige Dekor inklusive Kronleuchter. Die kubanischen Sandwiches – beispielsweise Chicken Breast Sandwich oder Croquette Sandwich (6 bzw. 7 $) – sind absolut original. Gleiches gilt für die Huhn- und Fischgerichte. Das Versailles liegt an der Calle Ocho, allerdings ein ganzes Stück außerhalb des Kernbezirks.

Little Havana, 3555 SW 8th St., T 305 444 0240, www.versaillesrestaurant.com, So–Do 8–24, Fr, Sa bis 1 Uhr | €€

Miamis Mega-Malls

Das Shoppingerlebnis in Miami ist durch und durch amerikanisch: Man fährt in eine der vollklimatisierten Mega-Malls und lässt sich dort von Boutique zu Boutique treiben, unterbrochen nur von gelegentlichen Pausen für einen Smoothie, eine Gourmetpizza oder einen Cappuccino.

Südflorida ist das Land der Luxus-Malls – hypermoderne, von Stararchitekten entworfene Riesenkomplexe, in denen man voll und ganz im Konsumrausch versinken kann. Gerade in den vergangenen 15 Jahren ist eine Mall nach der anderen aus dem Boden geschossen. Nun lassen die Konsumtempel nichts unversucht, um sich im Kampf um die Destinations-Shopper gegenseitig auszustechen.

Einen Tag in einer Mall wie dem noch recht neuen Brickell City Centre oder den edlen Bal Harbour Shops sollten Sie sich durchaus mal gönnen. Dazu müssen Sie Ihre europäischen Erwartungen an Individualität allerdings hinter sich lassen und sich vollends der amerikanischen Gigantomanie und Neigung zum Massenkonsum hingeben.

Ganz und gar braucht man jedoch auch in Miami nicht auf das Individuelle zu verzichten. Wer es wirklich sucht, findet es auch: Funkige Läden und Pop-ups in Wynwood, ein Laden voller lokaler Designer in The Citadel in Little River oder Secondhand-Ware und Esoterisches im Cauley Square Historic Village.

Der Konkurrenzkampf zwischen den Shoppingmalls ist hart, Kundennähe ist da keine Zeitverschwendung.

ZUM SELBST ENTDECKEN

Klassische Einkaufsviertel findet man in Miami nicht – zum Bummeln gibt es ja schließlich die vielen Malls. Auf eine gewisse Dichte an Geschäften trifft man jedoch an der **Lincoln Road** in **South Beach.** Diese rund 1 km lange Fußgängerzone bietet eine Vielzahl von Geschäften (darunter einen Apple Store, Geox und Athleta), Boutiquen und Restaurants. Viele der Läden haben bis 22 Uhr geöffnet, ideal also für einen Shoppingbummel nach dem Abendessen. Ebenfalls zum Selbst-Entdecken eignet sich die **Miracle Mile,** die Hauptstraße im Herzen von **Coral Gables.** Auch der zentrale Bezirk von **Coconut Grove** rund um die **Grand Avenue** ist so kompakt, dass man sich die Shops samt Restaurants und Cafés gut erschließen kann. **Wynwood** besticht mit coolen Shops für Individualisten, die das Besondere suchen.

BÜCHER UND MUSIK

Schmöker-Oase
Books & Books Karte 4, B 6
Das erste Books & Books wurde 1982 in Coral Gables eröffnet. Vom ausgefallenen Sachbuch bis zum neusten Bestseller wird eine große Bandbreite an Büchern verkauft – gute Beratung inklusive. Im mediterranen Innenhofcafé können Sie sich bei einem Cappuccino stundenlang der Lektüre hingeben. Wegen der großen Beliebtheit wurden Ableger in Coconut Grove, Miami Beach, in den Bal Harbour Shops und in Key West eröffnet. Sehr empfehlenswert sind die Autorenlesungen.
Coral Gables, 265 Aragon Ave., T 305 442 4408, www.booksandbooks.com, Mo–Sa 10–23, So 10–20 Uhr

Süße Klänge
Sweat Records Karte 4, D 4
Sweat Records im Herzen von Little Haiti ist das Epizentrum der Musikszene von Miami. Hierher kommen DJs und Sammler, um nach Vinylschätzen zu graben. Das Angebot geht quer über alle Genres. Ausgesprochen beliebt sind auch die Konzerte und Filmvorführungen sowie der »Classic Album Sunday«. Einfach nur einen Kaffee zu trinken und die Szene auf sich wirken zu lassen, ist ebenfalls völlig okay.
Little Haiti, 5505 NE 2nd Ave., T 786 693 9309, www.sweatrecordsmiami.com, So–Di 12–17, Mi–Sa 12–19 Uhr

GESCHENKE, DESIGN, KURIOSES

Surferparadies
Catch A Wave Surf Shop
Karte 3, B 1
Diesen Surfertraum haben drei Brüder gegründet. Man kann hier Skateboards, Surfboards und gebrauchte Ausrüstung kaufen, dazu gibt es auch die passende (Bade-)Bekleidung.
Coconut Grove, 2741 SW 27th Ave., T 305 569 0339, https://catchawavesurfshop.com, Mo–Fr 9–20, Sa, So 10–20 Uhr

Die Schallplatte ist tot! – von wegen: Sweat Records in Little Haiti ist Kult.

Streetart zum Mitnehmen
Wynwood Walls Shop D 1
Der offizielle Shop der Wynwood Walls. Neben Originalwerken von bedeutenden Streetart-Künstlern kann man hier Drucke, Poster, T-Shirts, Kappen und allerlei andere Mitbringsel rund um Streetart und Graffiti erwerben. Auch Bücher, u. a. das »Wynwood Walls Book«.
Wynwood, 222 NW 26th St., www.thewynwoodwalls.com, So–Do 11–19, Fr, Sa 11–20 Uhr

Shop in the Sanctuary
Upper Buena Vista Karte 4, D 4
Selbst wer hier nichts kauft, wird mit einem bezaubernden Ambiente belohnt. Upper Buena Vista ist um einen gigantischen, uralten Feigenbaum angelegt und beherbergt winzige Boutiquen, Restaurants, Coffeeshop, Eisdiele, Friseur und Nagelstudio. Alles dreht sich um den großen Feigenbaum, an den man für 1 $ einen Wunsch hängen darf. Das Geld wird zum Pflanzen neuer Bäume verwendet.
Downtown, 184 NE 50th Terrace, www.upperbuenavista.com, tgl. 12–20 Uhr

FARMERS MARKETS – MÄRKTE, DIE VOR VITAMINEN STROTZEN

Obwohl Miami von Autoverkehr und Mega-Malls bestimmt wird, sprießen an jedem Wochenende an vielen Ecken der Stadt Bauernmärkte aus dem Asphalt. Hier kann man nicht nur frisches Obst und Gemüse kaufen, sondern auch allerlei Leckereien probieren. Eine Auswahl:

Beim kubanischen Obstladen **Los Pinareños Fruteria** im Herzen von Little Havana (B 7, 1334 SW 8th St., T 305 285 1135, Mo–Sa 7–18, So 7–15 Uhr) kann man jeden Tag vor Ort gepresste Obstsäfte, frischen Zuckerrohrsaft, Smoothies und den berühmten Café Batido probieren, einen Bananenshake mit kubanischem Kaffee.

Sonntags findet in South Beach zwischen Washington und Meridian Avenue der **Lincoln Road Farmers Market** statt (Karte 2, B 2, Lincoln Rd., So 9–18.30 Uhr). Ein ähnlich breit gefächertes Angebot an frischem Obst, Gemüse und Spezialitäten wie dieser hält der **Mary Brickell Village Farmers Market** bereit (E 7, 901 South Miami Ave., So 10–16 Uhr). Empfehlenswert sind auf dem **Brickell City Centre Farmers Market** die Fruchtsmoothies und die argentinischen Empanadas (E 7, zwischen 7th und 8th Street unter den Metromover-Schienen, So 11–18 Uhr).

Etwas Besonderes sind auf dem **Coconut Grove Saturday Organic Market** die jamaikanischen Spezialitäten und das Eisangebot mit Geschmacksrichtungen wie Erdnuss oder Kokosmilch (Karte 3, A 3, 3300 Grand Ave./Margaret St., Sa 11–19 Uhr). Frische Lebensmittel bekommen Sie hier natürlich auch – in Bioqualität.

Auf dem **Coral Gables Farmers Market** wird Obst aus der Gegend, aber auch kubanischer Kaffee und Gebäck nebst Tai-Chi- und Yoga-Stunden unter Palmen an Mann und Frau gebracht (Karte 4, B 6, 405 Biltmore Way, Mitte Jan.–Mitte März Sa 8–14 Uhr).

Der **Redland Market Village** (Karte 6, G 4, Homestead, 24420 South Dixie Hwy., www.redlandmarketvillage.com, Do, Fr 11–18, Sa, So 7–18 Uhr) ist der wohl größte Markt der Stadt mit frischem Obst und Gemüse aus dem umliegenden Redlands (► S. 70) wie aus ganz Südamerika. Hier wird eine fantastische, frische Auswahl vor allem an exotischen Produkten wie Drachenfrucht, Papaya, Jackfrucht oder Passionsfrucht geboten. Außerdem kommen Stöberfans auf ihre Kosten, denn das Redland Market Village fungiert zudem als Zusammeschluss

mehrerer Secondhand-Händler zu einem Mega-Flohmarkt (Sa, So). Insgesamt dehnt sich der Markt auf einer Fläche von circa 27 ha aus.
Neben Obst und Gemüse findet man im **Pinecrest Farmers Market** (Karte 6, G 3, 11000 Red Rd., Pinecrest, So 8–14 Uhr) auch allerlei Handgemachtes wie Seifen, Honig oder Geschenkartikel – lokal gefertigt, also gut für Mitbringsel für daheim. Besonders schön gelegen, und man kann dies dann gleich mit einem Besuch im Park nebenan verbinden, ist der **Farmers Market** am Samstag beim **Fairchild Tropical Botanic Garden** (Karte 4, B 8, ► S. 60).

Ein Stück Old Florida
Cauley Square Shops
Karte 6, G 4
Inmitten der Natur und doch nur einen halben Block vom Highway US-1 in Richtung Keys entfernt, liegt dieses gut gehütete Geheimnis für diejenigen, die etwas Besonderes suchen. In rund einem Dutzend kleiner Häuschen, in denen einst Eisenbahnbauarbeiter lebten, bieten heute im Cauley Square Historic Village unabhängige Künstler und Designer ihre oftmals esoterisch oder hippiesk angehauchte Kreativität an. Darunter Esmaralda mit natürlichen Salzsteinen, ökologische Kosmetik bei »Therapia by Aroma« oder »Sweet Haven Books« mit neuen und gebrauchten Büchern oder Platten, Dora Gabays Kunstgewerbe und »Jimmy's Bright« Ideas, der »trash to treasure« umfunktioniert (recycelte Deko). Gleichfalls laden die kleinen Restaurants, der Tea Room oder einfach nur die Bänke zwischen den Bäumen zum Päuschen ein.
22400 Old Dixie Hwy., www.cauleysquare.com/shop-with-us, Di–Fr 11–17, Sa, So 10–18 Uhr

Art-déco zum Mitnehmen
The Official Art Deco Gift Shop
Karte 2, C 4
Die Art-déco-Bewegung inspirierte nicht nur Architektur, sondern auch Mode, Schmuck und Kunst. So findet man im offiziellen Geschenkeshop des Art Deco Museum Poster, Tücher, Karten, Magnete, T-Shirts und hübsche Mitbringsel. Beim Shoppen hier tun Sie zudem etwas Gutes, denn alle Erlöse unterstützen die Miami Design Preservation League.
Miami Beach, Art Deco Welcome Center, 1001 Ocean Dr., www.mdpl.org/shop, tgl. 9–17 Uhr

Lokal und Unabhängig
The Citadel Karte 4, D 3
Ähnlich wie die Foodhall nebenan, haben sich hier einige Händler zusammengetan und präsentieren ihre Shops unter einem Dach – z. B. »Pivot«, ein Marketplace für nachhaltige Mode- und Schmuckdesigner, Beautyprodukte sowie Geschenke. Oder »Sir Thrifty«, ein Secondhandladen, bei dem jeder Artikel eine Geschichte erzählt.
Downtown, 8300 NE 2nd Ave., www.thecitadelmiami.com/#shops, Di–So 8.30 Uhr bis spät

Apropos Kaufen – auch das gibt's in Wynwood: eine Bäckerei (Zak the Baker, ► S. 91)

SHOPPING MALLS

Outlet Shopping
Sawgrass Mills Karte 6, H 1
Shoppen auf 220 000 m² – das ist beinahe ein Marathon, bequeme Schuhe sind ein Muss! Gute Ausdauer sollte man mitbringen, um die über 300 Shops abzuhaken, am besten macht man sich vorher einen Plan. Separat und doch Teil der Mall sind die »Colonnade Outlets at Sawgrass Mills« für Luxus-Desig-

nermarken wie Tory Burch, Diane von Fürstenberg, Gucci, Versace und Prada.
Sunrise, 12801 West Sunrise Blvd., www.simon.com/mall/sawgrass-mills, Mo–Sa 10–21, So 11–20 Uhr

Edel und teuer
Bal Harbour Shops Karte 4, F 2
Open-Air-Shopping-Center im vornehmen Bal Harbour nördlich von Miami Beach. Hier findet die Dame von Welt Topmarken wie Dior, Chanel, Prada und Alexander McQueen, kann sich eine 500-Dollar-Frisur verpassen lassen oder im edlen Le Zoo an einem Marmorgoldfischteich lunchen. Perfekt zum People-Watching.
Bal Harbour, 9700 Collins Ave., T 305 866 0311, www.balharbourshops.com, tgl. 10–21 Uhr

Shopping mit Musik
Bayside Marketplace F 5
Im Zentrum von Miami, direkt an der Bucht und neben dem Kaseya Center, liegt eine Topattraktion der Stadt: Bayside Marketplace. Neben Shops wie Victoria's Secret, Adidas, dem Disney-Store oder Crocs, findet man über drei Ebenen viele Souvenirstände und Restaurants. Von hier legen auch die Schiffe für Rundfahrten ab, so lässt sich das Angenehme mit dem Schönen bestens verbinden.
Downtown Miami, 401 Biscayne Blvd., T 305 577 3344, www.baysidemarketplace.com, Mo–Do 10–22, Fr, Sa 10–23, So 11–21 Uhr

Shopping der Zukunft
Brickell City Centre E 7
Das Brickell ist das Einkaufszentrum der Zukunft – ein »neues Modell für urbane Malls«, so ein Kritiker. Der hypermoderne Komplex wirkt mit seinen zwei Luxus-Apartment-Türmen, einem Hotel und drei großzügigen Ebenen mit Geschäften wie eine Stadt in der Stadt. Internationale Standardmarken wie Armani, Boss oder Balanciaga sind vertreten, ergänzt durch eine Bandbreite an Qualitätsrestaurants von Barbecue bis vegan und hübschen Espressobars. Der Besuch lohnt aber allein schon wegen der futuristischen Architektur der Gruppe Arquitectonica.
Brickell, 701 S Miami Ave., T 305 350 9922, www.brickellcitycentre.com, tgl. 11–21 Uhr, Restaurants länger

Mit schattigem Innenhof
CocoWalk Karte 3, A 3
Halb offenes, im mediterranen Stil gestaltetes Shoppingcenter im Herzen

Die Kunst, mit wenig auszukommen, um viel zu zeigen: Angesichts des überbordenden Konsumangebots in der Bay-Metropole müssen sich auch etablierte Marken etwas einfallen lassen, um Aufmerksamkeit für ihre Produkte zu wecken.

von Coconut Grove. In dieser Mall geht es wesentlich legerer zu als in den Highend-Malls in Downtown und an den Beaches. Sie können entspannt im palmenbepflanzten Innenhof sitzen, Kaffee trinken und das Gratis-WLAN nutzen. Bei Blue Mercury, einem Kosmetikladen, können Sie sich aufhübschen lassen. Abends entfaltet sich eine lebendige Bar- und Livemusikszene.

Coconut Grove, 3015 Grand Ave., T 305 444 0777, https://cocowalk.com, tgl. 10–23 Uhr (Bars bis 3 Uhr morgens geöffnet)

Mall mit Tradition
Dadeland Mall Karte 4, A 8

Eine der ältesten und größten Malls von Miami; 185 Geschäfte. Im Zentrum stehen Niederlassungen der New Yorker Kaufhäuser Macy's, JC Penney und Saks Fifth Avenue. Recht neu ist ein Edelflügel mit Nobelmarken, u. a. Porsche Design.

Dadeland, 7535 N. Kendall Dr., T 305 665 6226, www.simon.com/mall/dadeland-mall, Di–Sa 8–24, So 7–18 Uhr

Markenschnäppchen
Dolphin Mall Karte 6, G 3

Kurz vorm Heimflug können Sie hier noch die Koffer füllen. Zur Mega-Mall mit Multiplex-Kino westlich des Flughafens gehören annähernd 250 Geschäfte. Ein wahres Paradies für Schnäppchenjäger! Viele Top-Marken wie DKNY, Tommy Hilfiger oder Nike betreiben in der Mall Outlet-Geschäfte.

Sweetwater, 11401 NW 12th St., T 305 365 7446, www.shopdolphinmall.com, Mo–Sa 10–21, So 11–20 Uhr

Einkaufen wird zum Tagesausflug
Mary Brickell Village E 7

Wenn Sie sich ins Mary Brickell Village begeben, sind Sie mitten im Herzen des jungen, angesagten Wohnbezirks Brickell. Neben vielen Modeboutiquen für Damen und Herren bieten Kosmetik- und Friseursalons allerlei Möglichkeiten, sich aufzuhübschen, und in Elektronikläden kann man überlegen, ob sich größere Anschaffungen angesichts der Zollvorschriften lohnen. Die meisten Locals kommen allerdings der vielen

Akustische und visuelle Reize sollen dafür sorgen, dass der Aufenthalt in einer Mall niemals langweilig wird.

Restaurants und Bars wegen ins Brickell Village (u. a. Blue Martini, Moxy, Dolores, North Italia). Abends lässt sich das Village gut als Sprungbrett in die Nacht nutzen.

Brickell, 901 South Miami Ave., T 305 381 6130, www.marybrickellvillage.com, tgl. bis 21 Uhr (Lokale länger)

Designer Shops und Frozen Yogurt
Shops at Merrick Park

Karte 4, B 6

Hübsch angelegte Outdoor-Mall mit Palmen und Springbrunnen im Herzen von Coral Gables. Hier gibt es alles von Top-Designermarken wie Diane von Furstenberg oder Boss bis zu Budget-Ketten wie Gap. Abrunden können Sie das Einkaufserlebnis mit einem Pausenstopp bei Sawa (leichte mediterrane und fernöstliche Kost) oder bei Yogurberry (erfrischender Frozen Yogurt in guter Qualität).

Coral Gables, 358 San Lorenzo Ave., T 305 529 1215, www.shopsatmerrickpark.com, Di–So 10–22 Uhr

Megaclubs und Latin Nights

Geben wir's doch zu: Die Tage am Strand und die Nächte in den Clubs von South Beach oder den Salsa-Schuppen der Calle Ocho – das ist das Leben, von dem viele träumen, wenn sie an Miami denken. Dass die Stadt mit Ausgelassenheit und der Lizenz, über die Stränge zu schlagen, in Verbindung gebracht wird, hat seinen Grund. Heiße Nächte, in denen vieles geht, was anderswo nicht geht, gehörten schon immer zu Miami.

Spätestens während der Prohibition in den 1920er- und 1930er-Jahren wurde Miami Beach zum Magneten für Feierlustige aus den gesamten USA. Die Mafia betrieb in den Hinterzimmern der Hotels illegale Spielkasinos, wo Rum aus Kuba in Strömen floss. In den 70er- und 80er-Jahren schneite Kokain aus Kolumbien und Honduras nach Miami herüber und fand Eingang in die Partys der Reichen und Schönen.

South Beach mit seinen Megaclubs ist der bekannteste Nighlife-Spot. Aber die wiederbelebte Downtown von Miami steht dem in nichts mehr nach. Auch dort findet man Lounges, oft Cocktailbars mit Ausblick, die sich im Laufe der Nacht in Tanzclubs verwandeln. Lebendiger noch geht es in den Salsa-Läden der Calle Ocho zu, wo zu Latin-Jazz und Son Cubano die ganze Nacht die Hüften geschwungen werden.

ZUM SELBST ENTDECKEN

Sich durch die Nacht treiben zu lassen ist in Miami nicht so einfach. Die Clubs sind verstreut und fußläufig nicht leicht zu erreichen. Auf eigene Faust kann man **Wynwood** noch recht gut erkunden, wo sich die Partys, Kneipen und Livebühnen in ein paar Straßenblocks drängen. Ein guter Treffpunkt in Downtown ist das **Brickell Village.** Von den dortigen Bars wechselt man später am Abend in die nahen Clubs und Lounges.

Gut aufgelegt: DJ Irie aus Miami lässt den Plattenteller glühen, auch DJs aus dem Ausland reizt die Stadt.

BARS UND KNEIPEN

Cocktailbar für den Überblick

Area 31 ✪ F 6

Restaurant und Cocktailbar im 16. Stock des Epic Hotel Downtown. Das Area ist eine der Ultra-Lounges, die alles hat: einen tollen Blick über den Hafen von Miami, eine Craft-Cocktailbar, zwei Pools, leckere Happen vom Starkoch (die Kräuter kommen vom *herb garden* auf der Terrasse!) und eine coole Happy-Hour-Szene. Welcome to Miami!

Downtown Miami, 270 Biscayne Boulevard Way, T 305 424 5234, www.area31restaurant.com, tgl. bis 23 Uhr

Das Universum der Barmixer und Barmixerinnen

Ahoy!

The Wharf ✪ D 6

Das Motto in dieser lässigen Pop-up-Bar am Miami River ist #knotworking – Nomen est Omen! Hier wird wortwörtlich gespielt, etwa gigantisches Jenga oder noch besser: riesengroßes Bier-Pong! Spielspaß, heiße Sounds und kalte Drinks unter freiem Himmel – was will man mehr?

114 SW North River Dr., https://wharfmiami.com, Do 16–1, Fr, Sa 12–3, So 12–1 Uhr

Cocktails und Musik

Blackbird Ordinary ✪ E 7

Cocktailbar mit angesagten DJs im coolen, jungen Wohnbezirk Brickell. Genießen Sie lässige Drinks und tanzen Sie bis in die Morgenstunden zu Hip-Hop, Reggae und House mit einer bunt gemischten, jungen Klientel.

Brickell, 729 SW 1st Ave., T 305 671 3307, www.blackbirdordinary.com, tgl. 15–5 Uhr, Einlass ab 21 Jahre

Künstlerkneipe

Gramps ✪ D 1

Ins Gramps in Wynwood kann man jeden Abend reinstolpern und wird nicht enttäuscht. Gleich ob Indie-Rock-Acts am Start sind, DJs auflegen oder eine Comedy-Show geboten wird, in der Künstlerkneipe ist immer was los.

Wynwood, 176 NW 24th St., T 305 699 2669, www.gramps.com, Mo–Mi 11–1, Do–Sa 11–15, So 11–1 Uhr

Wandelbar

Baoli ✪ Karte 2, C 1

Erst Sushi, dann Party! Nach 22 Uhr wandelt sich das schicke Restaurant in einen bebenden Club. Mittwochs finden hier die legendären »MBIOOT« (My boyfriend is out of town) Partys statt, Do bis So legen DJs auf. Achtung Dresscode: keine Sport- oder Badeklamotten!

Miami Beach, 1906 Collins Ave., https://baolimiami.com, Mi–Sa 19–3 Uhr

LGBTQI+

Miami ist für sein Gay-Nightlife bekannt. Nirgendwo sonst in den USA ist das schwule Nachtleben so ausschweifend. Der beliebteste Gay Club ist das **Twist** in South Beach, mit sieben Bars und einer Bühne für Go-go-Boys, alles unter einem Dach (✪ Karte 2, C 4, 1057 Washington Ave., T 305 538 9478, www.twistsobe.com, tgl. 17–5 Uhr). Ebenso ausgelassen geht's im benachbarten **Score Nightclub** zu (✪ Karte 2, C 3, 1437 Washington Ave., T 305 535 1111, www.scorenightclub.com, tgl. 22.30–5 Uhr). Der **Azucar Nightclub** ist der größte schwule Latino Club der USA mit Transvestitenbällen und viel heißer Salsa (✪ Karte 4, C 6, 2301 SW 32nd Ave., T 305 443 7657, www.azucarmiami.com, 22.30–5 Uhr).

Wer die Area 31 (► S. 105) erstmals besucht, ist überwältigt: Zum Greifen nah scheinen die Skyscraper, zugleich ist die städtische Hektik in weite Ferne gerückt.

Abstrakte Kunst

Sunset Lounge ✪ Karte 2, A 4

Die Sunset Lounge im Mondrian Hotel ist einer der heißesten Spots für Happy-Hour-Drinks in South Beach. Lassen Sie sich in einer der 30 Cabañas am Hotelpool nieder, genießen Sie den spektakulären Ausblick über die Bucht zum Sonnenuntergang und gönnen Sie sich eine der kreativen Cocktailkreationen des ›Hotelmixologen‹.

South Beach, 1100 West Ave., T 305 514 1940, www.morganshotelgroup.com/mondrian, So–Do 19–23, Fr, Sa 19–24 Uhr

F
FESTIVAL

Sounds aus der Steckdose

Das **Ultra Music Festival** rühmt sich, das größte Festival für elektronische Musik der Welt zu sein. Für ein Wochenende im März verwandelt sich der Bayfront Park in eine gigantische Tanzfläche. Auf sieben Bühnen legen die besten DJs der Welt auf, 2023 kamen 165 000 Feierlustige und Fans der EDM *(Electronic Dance Music)*. Seit der Gründung 1999 hat sich das Festival über die ganze Welt ausgebreitet (Ableger u. a. in Rio de Janeiro, Kapstadt und Tokio).

www.ultramusicfestival.com

LIVEMUSIK

Zurück in die Zukunft

Dante's HiFi ✪ C/D 1

Coole Vinyl-Bar im echten Retro-Look. Hier kommen Platten-Enthusiasten auf ihre Kosten.

519 NW 26th St., www.danteshifi.com, Mi–So 19–1 Uhr

Art-déco-Flair und Hip-Hop

The Fillmore Miami Beach

✪ Karte 2, C 2

Der Ableger des gleichnamigen legendären New Yorker Clubs ist die Veranstaltungsbühne Nummer eins in Miami Beach. Die Acts reichen von aktuellen Hip-Hop-Stars über angesagte Latinobands bis hin zu Revuenummern. Bemerkenswert schönes Ambiente: Das Fillmore ist in einem restaurierten Art-déco-Theater beheimatet.

Miami Beach, 1700 Washington Ave., T 305 673 7300, www.fillmoremb.com

Jazz und Wein

Lagniappe Karte 4, D 4

Ein Abend mit Frischluftgarantie: Das Lagniappe ist eine Weinbar im New-Orleans-Stil unter freiem Himmel in Wynwood. Sie nehmen sich eine Flasche und einen Teller mit kalten Köstlichkeiten aus dem Innenraum mit, setzen sich in den Hinterhof und saugen den klassischen Dixiesound in sich auf.

Wynwood, 3425 NE 2nd Ave., T 305 576 0108, www.lagniappehouse.com, tgl. 18–2, Livemusik 9–24 Uhr

Livemusik und Bier

Wood Tavern D 1

Legere Kultbar im Wynwood District mit mit coolen Cocktails, rund 30 Biersorten und täglicher Livemusik im Graffiti-besprühten Innenhof. Ein guter Spot, um sich unter die Leute zu mischen.

Wynwood, 2531 NW 2nd Ave., T 305 748 2828, www.woodtavernmiami.com, Mo 17–2, Di–Sa 17–3, So 15–24 Uhr

LATIN MUSIC

Latin Jazz

Ball & Chain A 7

Eine Ikone des Latin Jazz mitten in Little Havana – seit den 1930er-Jahren ununterbrochen in Betrieb. Auf zwei Bühnen, drinnen und im Innenhof, spielen lateinamerikanische Trompeter und Saxofonisten tanzbaren Jazz, bis die Sonne über der floridianischen Metropole aufgeht. Hier kommen Sie garantiert ins Schwitzen.

Little Havana, 1513 SW 8th St., T 305 643 7820, www.ballandchainmiami.com, Mo 11–24, Di–Do, So 11–1, Fr, Sa 11–3 Uhr

Retro

Cafe La Trova C 7

Hier mixen mehrfach ausgezeichnete Bartender ausgefallene Cocktails und Drinks in retro-kubanischem Ambiente. Dazu gibt es Livemusik auf die geneigten Ohren. La Trova ist das Baby von »Cantinero« Julio Cabrera und wurde jüngst zu einer der »50 besten Bars der Welt« gekürt – also nichts wie hin!

971 SW 8th St., www.cafelatrova.com, So–Mi 16–24, Do 16–1, Fr, Sa 16–2 Uhr

Salsa

Cubaocho Karte 4, C 5

Der authentischste Salsa-Schuppen außerhalb von Havana! Vollgestopft mit Kunstwerken von Exil-Kubanern, mit täglicher Livemusik. Der Duft nach Zigarren und Rum liegt in der Luft, während hier Jung und Alt nach Herzenslust Salsa tanzen. Im Cubaocho Museum & Performing Arts Center, das sich ebenfalls hier befindet, gibt es ein kleines Museum. Hin und wieder werden auch

MIAMI FÜR FILMFANS

Das Kinoangebot reicht vom Multiplex in der Mall (z. B. Aventura Mall) bis zum charmanten Arthouse-Kino wie dem restaurierten **Tower Theater** an der Calle Ocho (A 7, www.towertheatermiami.com). Im **O Cinema** werden Kunstfilme und Klassiker gezeigt, während man auf Sofas herumlümmelt, an billigen Snacks knabbert und Bier trinkt (E 1, www.o-cinema.org). Der Filmgenuss wird im **CMX Brickell City Center** mit einem Gourmet-Dinner und Cocktails zum feudalen Erlebnis. Es ist das erste (und bislang einzige) Dine-in Kino der USA (E 7, www.cmxcinemas.com).

Talks und weitere Kulturveranstaltungen geboten (► S. 50).
Little Havana, 1465 SW 8th St, www.cubaocho.com, Di–Fr 10–2, Sa, So 11–2 Uhr

Dinner and a Show
El Tucán ✪ Karte 4, D 5
El Tucán belebt die alte Tradition der Dinnerclubs im Trendviertel Brickell wieder. Genießen Sie an weiß eingedeckten Tischen gehobene kubanische Küche, während bekannte Latino-Pop- und Jazzstars und die Tucán-Hausband aufspielen. Unbedingt Sakko oder Abendkleid anlegen. Festpreismenü ab 120 $. Man kann aber auch einfach nur an der Bar stehen, einen Cocktail trinken und der Musik lauschen.
Brickell, 1111 SW 1st Ave., T 305 535 0065, http://eltucanmiami.com, Dinner & Show Fr, Sa 19.30–23.30, Nightclub Do–Sa ab 12.30 Uhr

Salsa lernen
Salsa Mia ✪ Karte 2, C 4
Ein Mojito hilft schon, die Hüften etwas lockerer werden zu lassen. Die Tanzlehrer von Salsa Mia haben ihr Lager im berühmt berüchtigen Tanzschuppen »Mango's« aufgeschlagen. Täglich von 19 bis 21 Uhr kann man hier die Salsa-Schritte lernen und gleich anschließend seinen Erfolg im Mango's bis in die Puppen feiern.
Miami Beach, 900 Ocean Dr., www.salsamia.com/miami-salsa-classes, $ 89 für Tanzkurs, einen Mojito, Essen sowie Eintritt ins Mango's (https://mangos.com/mangos-miami-beach)

TANZEN & CLUBBING

Party-Keller
Basement ✪ Karte 4, F 4
Im Basement ist man zum Tanzen gezwungen – Sitzplätze Fehlanzeige. Dafür gibt es neben der Tanzfläche eine Schlittschuh- und eine Bowlingbahn.
Miami Beach, 2901 Collins Ave., www.basementmiami.com, tgl. 17–2, Mi, Sa, Fr bis 5 Uhr

Downtown Techno
Club Space ✪ E 4
Im Club Space, einem der ältesten Technoclubs in Downtown, legen einige

Klar, wer am Española Way die flanierende Menschenmenge beeindrucken möchte, sollte schon ein paar Schritte Salsa draufhaben. Die ersten Geh- oder vielmehr Tanzversuche kann man in Miami zum Glück bei vielen Gelegenheiten machen.

der beliebtesten Haus-DJs auf. Die Fläche von 2500 m^2 verteilt sich auf eine einstige Lagerhalle und eine Dachterrasse, wo die Party oft am nächsten Tag weitergeht.
Downtown Miami, 34 NE 11th St., T 786 357 6456, www.clubspace.com, teils 24 Std. lang geöffnet, genaue Öffnungszeiten s. Website

Around the Clock

E11EVEN Miami E 4

Die Party hört niemals auf: Das E11EVEN hat rund um die Uhr geöffnet. Auf der Hauptbühne gibt es erotische Cabaret-Darbietungen, bevor die ganze Nacht getanzt wird.
Downtown Miami, 29 NE 11th St., T 305 829 2911, www.11miami.com, 24 Std. geöffnet

Mega-Party

LIV Karte 4, F 4

Der Mega-Club von South Beach schlechthin! Man erlebt eine Party, bei der sich die Reichen und Schönen von South Beach treffen – sofern man es schafft, am Türsteher vorbeizukommen. Billig ist das Vergnügen garantiert nicht.
South Beach, 4441 Collins Ave., im Fontainebleau Hotel, T 305 674 4680, www.livnightclub.com, tgl. 23–5 Uhr

Day and Night

Hyde Beach Karte 2, C 2

Dieser Club bringt am Wochenende den Swimmingpool tagsüber mit heißen Rhythmen und noch heißeren Gästen zum Überschwappen. Nachts geht es dann munter weiter, wenn coole DJs aufdrehen. Dieser Indoor/Outdoor Club befindet sich im SLS Hotel in South Beach.
Miami Beach, 1701 Collins Ave., https://book.ennismore.com/nightlife/hyde/hyde-beach, Sa, So 11–18 Uhr Dayparty; Do–So 19–2 Uhr

Up all Night

M2 Karte 2, C 3

Nicki Minaj (mit Drake) hat in ihrem Song »Up all Night« das M2 verewigt. Verglichen mit den anderen Clubs ist der Eintritt hier erschwinglich, die Atmosphäre elektrisierend.
Miami Beach, 1235 Washington Ave., www.m2miami.com/events, Do–So 23–5 Uhr

DIE GROSSE BÜHNE

Für internationale Top Acts, die auf Großtournee sind, hat Miami gleich drei Auftrittsbühnen:
Das **Adrienne Arsht Center for the Performing Arts** mit seinem hypermodernen Prunkbau ist Heimat des Balletts und der Oper. Daneben gastieren hier auch Weltstars des Pop, Rock und Jazz (F 3, 1300 Biscayne Blvd., T 305 949 6722, www.arshtcenter.org).
Das benachbarte **Kaseya Center** ist die Heimat der Miami Heat, des dreifachen Champions im Basketball. Wenn nicht gerade die Basketballer ihre Künste zeigen, kann man hier Topstars erleben – von Lady Gaga bis zu den Jonas Brothers. (F 4/5, 601 Biscayne Blvd., T 786 777 1000, www.kaseyacenter.com/events).
Das **New World Center** in Miami Beach ist die Heimat des Symphonieorchesters von Miami, der New World Symphony. Der Frank-Gehry-Bau ist Super-Hightech. Die Konzerte werden digital an der Außenwand übertragen, wo man sie gratis genießen kann (Karte 2, C 2, Miami Beach, 500 17th St., T 305 673 3330, 800 597 3331, www.nws.edu).

Hin & weg

ANKUNFT

… mit dem Flugzeug:
Die internationalen Flieger und viele Inlandsflieger landen auf dem **Miami International Airport (MIA),** ca. 11 km westlich der Innenstadt (T 305 876 7000, www.miami-airport.com).
Transfer: Die schnellste und günstigste Möglichkeit, vom Flughafen in die Stadt zu gelangen, ist die Fahrt mit dem **MIA Mover,** einer automatisierten Schwebebahn. Nehmen Sie den Mover vom Terminal aus zum sogenannten **Miami Intermodal Center** (MIC), einem Verteilerbahnhof für verschiedene Transportmittel östlich vom Flughafen. Die Fahrt dauert vier Minuten. Von hier aus können Sie für 2,25 $ die **Orange Line** der **Metrorail** nach Downtown Miami nehmen (www.miamidade.gov/transit/metrorail.asp). Dort gibt es zwei Haltestellen: Government Center und Brickell. Alternativ können Sie über Uber (www.uber.com/de/cities/miami) oder Lyft (www.lyft.com/cities/miami-fl) einen **Mietwagen mit Fahrer** bestellen. Dazu laden Sie am besten noch im Terminal, wo es freies WLAN gibt, die Gratis-Apps auf Ihr Smartphone. Dann brauchen Sie nur noch eine Kreditkarte. Uber und Lyft sind in der Regel in Miami schnell und zuverlässig. Noch günstiger ist der Kleinbus **SuperShuttle,** den Sie mit anderen Passagieren teilen. Sie können einen Platz im Voraus buchen unter www.supershuttle.com/locations/miami-mia. Selbstverständlich gibt es auch Taxis am Flughafen. Der Bus **Miami Beach Airport Express** fährt regelmäßig direkt vom Flughafen nach Miami Beach (www.miamidade.gov/transit/bus-airport-flyer.asp).

DIPLOMATISCHE VERTRETUNGEN

Generalkonsulat der Bundesrepublik Deutschland: 100 N Biscayne Blvd., Suite 2200, Miami, FL 33132-2381,

Dass Miami eine Kunstmetropole ist, zeigt sich schon im Transitbereich des Flughafens, auf dem jährlich über 44 Millionen Passagiere gezählt werden.

HURRIKANS UND IHRE FOLGEN

Südflorida ist eine der am stärksten von tropischen Stürmen und Hurrikans bedrohten Regionen des amerikanischen Kontinents. Fast jedes Jahr fegt während der Sturmsaison im Spätsommer und Herbst ein Sturm über die Halbinsel. Dass das Gebiet ein Sumpfland ist, verschärft die Lage – der steigende Meeresspiegel hat die Flutgefahr dramatisch erhöht.
Als Reisender können Sie nicht viel mehr tun, als sich gut über die aktuelle Lage zu informieren. Im Sinne der Nachhaltigkeit ist es wichtig, mit dem Ökosystem schonend umzugehen. Die Korallenriffe und die Everglades etwa sind bedeutende Barrieren. Man kann kleine Dinge tun, um sie zu schützen: Nehmen Sie statt einem Motorboot ein Segelboot oder ein Kajak, um die Riffe zu erkunden. Erforschen Sie die Everglades statt per Luftkissenboot zu Fuß oder per Kajak und beachten Sie die Hinweise der Parkverwaltung. Informieren Sie sich z. B. im Crandon Park auf Key Biscayne über das Ökosystem. Erkundigen Sie sich in Key West bei den Einheimischen über die Wiederaufbauanstrengungen und wie man gegebenenfalls helfen kann. Müll gehört nicht in die Natur, sondern in entsprechende Mülltonnen. Und sparen Sie das oft knappe Trinkwasser.
Wenn Sie den Wiederaufbau der Keys unterstützen wollen, spenden Sie am besten direkt an den von der Regierung verwalteten Wiederaufbaufonds: https://cffk.org.

T 305 358 0290, www.miami.diplo.de. In Pass- und Visumsangelegenheiten nur mit Termin und nach vorheriger Anmeldung über die Website.
Honorarkonsulat der Republik Österreich: 2445 Hollywood Blvd., Hollywood, FL 33020, T 945 925 1100, office@austrianconsulatemiami.com, www.austrianconsulatemiami.com.
Achtung: Das österreichische Konsulat in Miami bearbeitet keine Pass- und Visumanträge. Dafür müssen Sie sich an das Konsulat in Washington wenden: 3524 International Ct NW, Washington, DC 20008-3022, T 202 895 6720, www.austria.org, www.bmeia.gv.at.
Generalkonsulat Schweiz: c/o Dufry America, LLC, 13690 NW 14th St., FL 33182, T 786 838 2912, www.eda.admin.ch/countries/usa/de/home/vertretungen/botschaft-washington/konsulate/konsulat-miami.html. Nur Notfallersuche, für Pass- und Visumsangelegenheiten müssen Sie sich an die Vertretung in Atlanta wenden: Consulate General of Switzerland, 1349 W Peachtree St. NW, Suite 1000, Atlanta, GA 30309, T 404 870 2000, www.eda.admin.ch/atlanta.

INFORMATIONEN

Greater Miami Visitor Center: 701 Brickell Ave., Suite 2700, Miami, FL 33131, T 305 539 3000, Mo–Fr 8.30–18 Uhr. Die zentrale Touristeninformation bietet Pläne, Prospekte und Antworten auf so ziemlich alle Fragen, die Sie zu Miami und Umgebung haben können, u. a. zu Ausflügen in die Everglades und nach Key West. Freundliche Mitarbeiter helfen Ihnen gerne bei der Planung und Buchung Ihrer Unternehmungen. Die Website bietet hervorragende und umfassende Tipps: www.miamiandbeaches.com.

Es gibt mehrere **Filialen:**
Miami Beach: 1620 Drexel Ave., T 305 674 1414
Key Biscayne: 88 W McIntyre St., T 305 361 5207
Little Havana Visitor Information Center: 1442 SW 8th St.
Key West Chamber of Commerce: 510 Greene St., Key West, T 305 294 2587, www.keywestchamber.org, Mo–Fr 8–17.30, Sa, So 9–17 Uhr

REISEN MIT HANDICAP

Miami ist für Menschen mit Handicaps vergleichsweise gut zugänglich. Öffentliche Gebäude wie der Flughafen sind barrierefrei, ebenso Museen, Hotels und die vielen Shoppingmalls, Die Strände verfügen meist über mit Holz ausgelegte Promenaden und mit Matten ausgelegte Pfade bis ans Wasser. Strände wie Crandon Park Beach und Haulover Beach haben eigene Liegestühle für gehbehinderte Menschen. In den Everglades hat das Shark Valley Visitor Center (► S. 69) rollstuhlgerechte Wanderpfade. Weitere Informationen finden Sie unter www.miamiandbeaches.de/plan-your-trip/accessible-travel. Auskünfte erteilt auch das **Miami Dade Office of ADA Coordination** (Americans with Disabilities Act): 111 NW 1st St., T 305 375 3566, Mo–Fr 8–17 Uhr.

SICHERHEIT UND NOTFÄLLE

Miami hat in puncto Kriminalität einen schlechten Ruf, aber die Realität sieht anders aus. Die Wahrscheinlichkeit, auf der Straße in ein Kreuzfeuer zu geraten, ist gleich null. Die Verbrechensrate ist in der Bay-Metropole wie in den meisten amerikanischen Städten in den vergangenen 15 Jahren stark zurückgegangen. Dennoch sollte man inmitten des nächtlichen Rummels von South Beach umsichtig sein. In bestimmten Vierteln wie Liberty City oder Overtown empfiehlt es sich auch nicht, nachts allein herumzulaufen. Sollte tatsächlich ein Notfall eintreten, rufen Sie gebührenfrei den **Notruf** 911 an.

Für medizinische Notfälle empfiehlt sich das Netzwerk **MD Now – Urgent Care** mit mehr als 20 Kliniken im Großraum Miami (www.mymdnow.com). Hier werden Sie schneller und kostengünstiger behandelt als in der Notaufnahme eines Krankenhauses. Für den Fall, dass Sie bei einem schweren Notfall doch ein Krankenhaus aufsuchen müssen, finden Sie eine **Liste mit Adressen von Krankenhäusern** unter: www.miamidade.gov/healthcare/hospitals.asp.

FAHRRAD-SHARING

Miami und Miami Beach verfügen über mehrere Bike-Sharing-Netze. Das am besten ausgebaute ist **Citi Bike** mit rund 2000 Rädern und mehr als 160 Stationen in der Innenstadt, in Miami Beach, Surfside und den Bay Harbor Islands. Das Ausleihen ist kinderleicht: einfach Kreditkarte in den Automaten an der Station einstecken und losradeln. Eine Übersicht der Stationen gibt es unter www.citibikemiami.com und auf der entsprechenden Smartphone-App. Eine Stunde kostet 7,50 $, ein Tagespass 24 $. Bei der Vielzahl der Stationen ist es jedoch nicht nötig, einen Ganztagespass zu kaufen.

STADTFÜHRUNGEN

Big Bus Miami Hop-on-Hop-off-Tour: Genießen Sie die herrlichen Meeresblicke und die spektakuläre Architektur von Miami vom Sonnendeck eines Doppeldecker-Busses aus. Sie können während der zweistündigen Tour jederzeit zu- und aussteigen. Tgl. ab Bayside Marketplace, ab 50 $ (online günstiger), www.bigbustours.com.

Art Deco Walking Tour: Erkunden Sie die weltberühmte Art-déco-Architektur von South Beach (► S. 21).

Wynwood Art Walk: Touren durch das Viertel mit Informationen über Kunst und Künstler zu Fuß, per Fahrrad oder per Golf Buggy. Ab drei Personen können Sie auch eine private Tour buchen (www.wynwoodartwalk.com, T 305 814 9290, ab 35 $).

Unlimited Biking: Geführte Fahrradtouren durch Miami Beach per Fahrrad oder E-Bike (Miami Beach, 50 Washington Ave., tgl. 10 Uhr, ca. $ 50.

Vorab buchen unter www.unlimitedbiking.com/tours/miami-beach-highlights-bike-tour
Miami Culinary Tours: Kulinarische Touren durch verschiedene Viertel der Stadt: Little Havana, Wynwood, South Beach, Little Haiti. Entdecken Sie die kulinarische Vielfalt von Miami gemeinsam mit anderen (1000 5th St., Suite 200, Miami Beach, FL 33139, T 786 942 8856, www.miamiculinarytours.com, ab 69 $).

UMWELTFREUNDLICH UNTERWEGS

Miami verfügt über zwei Schwebebahn-Netze: Metrorail und Metromover. **Metrorail** ist eher ein Zugnetz, das Pendler von den Außenbezirken in die Innenstadt bringt. Ein Netzplan von Metrorail ist unter der Webadresse www.miamidade.gov/transit/metrorail-stations.asp zu finden, Einzelfahrten fangen bei 2,25 $ an, die Züge verkehren von 5 Uhr bis Mitternacht.
Metromover versorgt auf drei verschiedenen Routen die Innenstadt. Die Nutzung ist kostenlos und ideal, wenn Sie die Innenstadt und Brickell erkunden wollen. Einen Streckenplan finden Sie unter www.miamidade.gov/transit/library/metromover-map.pdf. Für beide Systeme kann man sich eine Smartphone-App herunterladen.
Metrobus: Miami verfügt auch über ein Busnetz mit 90 Routen und 1000 Bussen. Linie 123 ist sehr beliebt, um sich in Miami Beach am Strand auf und ab zu bewegen.
Des Weiteren gibt es die **Trolleys,** die kostenfrei tgl. von 8 bis 20 Uhr durch die verschiedenen Stadtteile fahren (www.miamigov.com/Transportation-Roadways/Trolley-Information/Trolley-Maps).
Wassertaxi: Das Wassertaxi startet vom Bayside Marketplace und steuert Ziele in Miami Beach, Key Biscayne und am Miami River entlang an. Einzelfahrten ab 15 $.
(T 305 600 2511, www.watertaximiami.com).

Auch wenn Miami Beach und insbesondere Miami stark von Autos dominiert sind, haben die Radfahrer ihre Terrains. Dank Mietradsystemen und Radverleihern kann man es den Einheimischen gleichtun und z. B. durch South Beach radeln.

O-Ton Miami

Gator!

Kurz für Alligator, auch Name des berühmten College-Fußballteams und aller Kommilitonen

Dale!

Spanisch für *»Auf geht's!«*, *»Gib's her«*, aber auch *»Tschüss!«*

NO SEE UMS

»no-see-them!« klitzekleine Insekten, die gerne zum Sonnenuntergang zubeißen

Oye

Spanisch für *»Hör mal zu!«*, *»Hallo«*, *»Wie geht's«* oder *»Also«*

CAFECITO

Wie z. B. in »Let's drink a Cafecito« *Wird in Miami für echten kubanischen Kaffee verwendet.*

Conch

Eigener Kosename für Leute aus Key West, die dort geboren sind oder mind. 10 Jahre leben

Snowbirds

Leute aus Kanada oder den Nordstaaten, die wie Flugvögel den Winter in Florida verbringen

SoFlo

Kurz für South Florida, also Süd-Florida und damit alles südlich von Palm Beach

SoBe

Slang für South Beach, die Variante SoFi bezeichnet alles *South of Fifth (Avenue)*

THE 305

The Three-o-five Telefonvorwahl und Synonym für Miami

Que cute.

Mischung aus Spanisch und Englisch für »wie süß«. *Ein Typ in der Bar ist »que cute«*

Das Klima im Blick

Reisen bereichert und verbindet Menschen und Kulturen. Wer reist, erzeugt auch CO_2. Der Flugverkehr trägt in erheblichem Maße zur globalen Erwärmung bei. Wer das Klima schützen will, sollte sich – wenn möglich – für eine schonendere Reiseform entscheiden oder die Projekte von atmosfair unterstützen. Flugpassagiere spenden einen kilometerabhängigen Beitrag für die von ihnen verursachten Emissionen und finanzieren damit Projekte in Entwicklungsländern, die dort den Ausstoß von Klimagasen verringern helfen (www.atmosfair.de). Auch die Mitarbeiter des DuMont Reiseverlags fliegen mit atmosfair!

Abbildungsnachweis

AWL-Images, Whitchurch (GB): S. 103 (John Coletti); 25 (Norbert Eisele-Hein); 20 (Walter Bibikow)
Fotolia, New York (USA): S. 67 (Ferenc Cegledi)
Getty Images, München: S. 90 (Boogich); 83 (Corey Rich); Umschlag, Faltplan (Cultura RM Exclusive/Zak Kendal); 88 (Image Source); 28 (Jason Koerner); 51, 107 (Joe Raedle); 30 (John Parra); 120/7 (Kontributor/Bloomberg); 120/8 (Kontributor/Corbis Historical/Kevin Fleming); 102 (Patrick McMullan); 104 (Romain Maurice); 80 (Sergi Alexander); 98 (Yoray Liberman)
Stock.com, Calgary (CA): S. 120/3 (code6d); 41 (Boogich); 101 (Joaquin Barbara); 54 (juripozzi); 61 (Rauluminate/Raul Rodriguez©Fotoluminate LLC)
aif, Köln: S. 66 (Aurora Photos/Corey Rich); 84 (Christian Heeb); 16/17, 33, 47, 49, 99 (Dagmar Schwelle); 7, 12/13, 24, 39 (Dietmar Denger); 59 (Gerald Haenel); 37 (hemis.fr/Ludovic Maisant); 4 u. (Jörg Modrow)
Lookphotos, München: S. 89 (age fotostock); 105 (Ingolf Pompe); 106 (Travel Collection)
Mato, Hamburg: S. 8/9 (Guido Cozzi); 14/15 (Onlyworld/Guillaume Soularue); 77 (Pietro Canali); 74 (Reinhard Schmid)
Mauritius Images, Mittenwald: S. 58 (age fotostock/Ayerves); 113 (age fotostock/Jeff Greenberg); 32 (Alamy/Alamy Stock Photos/Jeffrey Isaac Greenberg 19+); 43, 93, 108 (Alamy/Alamy Stock Photos/Jeffrey Isaac Greenberg 5+); 75 (Alamy/Alex Griffiths); 109 (Alamy/Anne Rippy); 63 (Alamy/Constance Mier); 22 (Alamy/Education & Exploration 3); 34, 62 (Alamy/RosalreneBetancourt 10); 50, 57, 94 (Alamy/RosalreneBetancourt 12); 86 (Alamy/RosalreneBetancourt 13); 46 (Alamy/RosalreneBetancourt 6); 110 (Axel Schmies); 120/2 (United Archives)
picture-alliance, Frankfurt a. M.: S. 120/1 (abaca/Piovanotto Marco); 36 (AP Photo/Lynne Sladky); 29 (AP Photo/Wilfredo Lee); 120/9 (Courtesy Everett Collection); 120/5 (Mary Evans Picture Library); 38 (Miami Herald/Carl Juste); 64 (Miami Herald/Pedro Portal); 85 (ZUMAPRESS.com/Michael Ares); 120/6 (ZUMAPRESS.com/Nancy Kaszerman)
Shutterstock.com, Amsterdam (NL): S. 55 (Blulz60); 26 (DavideAngelini); 53 (Fotoluminate LLC); 72 (ImageMD); 4 o. (mariakray); 78/79 (Mia2you); 100 (N K); 97 (Olga V Kulakova); 71 (Oliver Sveda); 21 (Richard Goldberg); 40, Umschlagklappe hinten (Sergio TB); 68 (Sonja Filitz)
Steffi Kordy, Miami (USA): S. 70
Wikimedia Commons: S. 120/4 (CC-PD/United States Bureau of Prisons)
Zeichnungen: S. 5 o., 5 u. (Antonia Selzer, St. Peter); 2, 11, 23, 29, 31, 44, 65 (Gerald Konopik, Mammendorf)

Kartografie

© KOMPASS-Karten GmbH, A-6020 Innsbruck; DuMont Reiseverlag, D-73751 Ostfildern

Umschlagfoto

Titelbild: Pool eines Hotels in Miami

Hinweis: Autor/in und Verlag haben alle Informationen mit größtmöglicher Sorgfalt geprüft. Gleichwohl sind Fehler nicht vollständig auszuschließen. Alle Angaben erfolgen ohne Gewähr. Bitte schreiben Sie uns! Über Ihre Rückmeldung zum Buch und Verbesserungsvorschläge freuen sich Autor/in und Verlag:
DuMont Reiseverlag, Postfach 3151, 73751 Ostfildern,
nfo@dumontreise.de, www.dumontreise.de

FSC
www.fsc.org
MIX
Papier | Fördert gute Waldnutzung
FSC® C018236

2. Auflage 2024
© DuMont Reiseverlag, Ostfildern
Alle Rechte vorbehalten
Autor/in: Sebastian Moll, Steffi Kordy
Redaktion/Lektorat/Bildredaktion: Erika E. Schmitz, Doreen Reeck
Grafisches Konzept: Eggers+Diaper, Potsdam
Printed in Poland

Kennen Sie die?

9 von 505 429 Miamianer

Gloria Estefan

Sie ist der Stolz der kubanischen Einwanderer-Community. Wie viele andere kam ihre Familie nach der Castro-Revolution nach Miami. In den 80ern landete ihre Band Miami Sound Machine einen Hit nach dem anderen.

Sidney Poitier

Er war der erste schwarze Schauspieler, der einen Oscar erhielt (»Lilies of the Field«, 1964). Seine Eltern stammten von den Bahamas. Miami, wo er geboren wurde, verließ er mit 16, um Schauspieler zu werden.

Henry M. Flagler

Der New Yorker Öl-Magnat gilt als Gründer von Miami. Aus Gesundheitsgründen verbrachte er die Winter in Florida. In den 1860er-Jahren baute er die Eisenbahnstrecke St. Augustine–Miami, Beginn eines Reise- und Baubooms.

Al Capone

Der Gangsterboss aus Chicago hat wie kein anderer den Ruf Miamis als Sündenbabel mitbegründet. In den 1920ern organisierte er den Spirituosenschmuggel aus Kuba und betrieb in South Beach illegale Spielkasinos.

James Sonny Crockett

Dargestellt von Don Johnson jagte er in der TV-Serie »Miami Vice« mit seinem Partner Tubbs in den 80er-Jahren in Miami Beach Drogenhändler und machte dabei cremefarbene Anzüge, Cabrios und lange Nackenhaare zum Trend.

James Patterson

Der Krimiautor, der in Palm Beach lebt und arbeitet, ist einer der erfolgreichsten Schriftsteller aller Zeiten. Seine Storys um den Polizeipsychologen Alex Cross wurden mehr als 300 Mio. Mal verkauft.

Blake Ross

Das Wunderkind der Technologie-Welt wuchs auf Key Biscayne auf. Mit zehn baute er seine erste eigene Website, mit 20 hatte er den Browser Mozilla Firefox entwickelt.

Marjory Stoneman Douglas

Die Journalistin und Schriftstellerin, die 1988 108-jährig starb, engagierte sich schon in den 1940ern für den Erhalt der Everglades.

Barry Gibb

1975 zog der Engländer mit seinen Brüdern nach Miami Beach, um ein Album aufzunehmen. Barry Gibb (re.), einer der erfolgreichsten Songwriter, lebt hier bis heute.